맹자 _{孟子}

原则：极简孟子 BY 王蒙

맹자 _{孟子}

누구나
한 번쯤 읽어야 할
고전 한 문장

왕멍 지음 | 홍민경 옮김

청민
미디어

持其志, 無暴其氣.

그 뜻을 확고하게 지키고, 그 기가 함부로 날뛰게 하지 마라.

〈공손추장구〉 상편 중에서

배움의 최고 경지 | 더 나은 것을 추구하라 | 규칙을 따르지 않으면 네모와 동그라미를 완성할 수 없다 | 규칙을 배우고, 어진 마음을 길러라 | 책을 통해 성현과 벗이 되어라 | 책을 읽을 때는 독립적인 사고를 해야 한다 | 새로운 변화를 추구하며 시대와 함께 나아가라 | 타고난 자질이 아무리 좋아도 자양분이 필요하다 | 천성을 갈고닦아 빛을 내라 | '천작'을 수양하는 데 힘쓰면 '인작'도 따라온다 | 기준을 높이면 수련의 경지도 더 높아진다 | 역사로부터 도움을 받아라 | 경험에서 오는 깨달음 | 지혜를 이용하는 데 능해야 한다 | 인식을 실천으로 변화시켜라 | 스승은 안내자일 뿐, 수련은 각자의 몫이다

뜻은 반드시 높고 원대해야 한다 | 진취적인 마음을 유지하라 | 끝까지 밀고 나아가는 추진력을 유지하라 | 의지가 굳건해야 목표를 향해 곧장 나아갈 수 있다 | 용기를 키워라 | 모든 것을 희생할 각오가 되어 있어야 한다 | 노력하지 않은 채 노력한 보람이 없다고 말하지 말라 | 노력의 방향을 제대로 잡아라 | 성공의 길은 자유롭고 다양하다 | 직업 선택은 신중해야 한다 | 정도를 걸어야 더 빨리 성공할 수 있다 | 노력과 방법의 결합 | 작은 목표와 큰 목표를 명확히 구분하라 | 공통점을 찾아내라 | 급선무부터 해결하라 | 복잡한 과정을 거쳐 간단한 결과로 만들어내라 | 간단한 일을 복잡하게 만들지 말라 | 유리한 요소를 모두 이용하라 | 환경을 활용하고 창조하는 법을 터득하라 | 집중력과 인내심을 키워라 | 내실을 다지며 착실히 목표를 향해 나아가라 | 끝을 잘 마무리하라

내면을 잘 지켜라 | 순경은 더 큰 시련이다 | 포부를 크게 가지고 시야를 넓혀라 | 욕망을 줄이고 마음을 수양하라 | 혹독한 비난을 감수하라 | 형세를 따르고 추세에 편승하라 | 교만과 자만을 버려야 한다 | '적 없음'이 공훈과 성공을 의미하는 것은 아니다 | 안하무인의 근원은 무지다 | 현실에 안주하지 말고 더 큰 이상을 추구하라 | 잃어버린 자신을 되찾아라 | 자신도 완벽하지 않으면서 남을 비웃지 말라 | 사람의 마음을 깊이 헤아릴 줄 알라 | 모르면 모른다고 하라 | 분수를 지키고 만족할 줄 알라 | 과장된 명성을 경계하라 | 마음이 하는 일에 주목하라 | 재미와 자극에만 만족해서는 안 된다 | 남의 재앙을 다행으로 여기거나 즐거워서는 안 된다 | 정신의 빈곤이 더 해롭다 | 물질적 부만 추구하면 결국 그 화가 자신에게 미친다

역경도 일종의 재산이다 | 역경은 없던 능력도 만들어낸다 | 부끄러움을 알라 | 건강한 정신 상태를 유지하라 | 자애자중하고, 자포자기하지 말라 | 이성으로 감정을 제어하라 | 마음을 한결같이 지켜라 | 평정심을 유지하라 | 심리적, 생리적 이중 강화 벽을 세우라 | 파멸을 자초하지 말라 | 의미 없는 걱정을 줄이라 | 금은 어디에 있어도 빛이 난다 | 순리를 따르라 | 자신을 돌이켜 문제점을 찾아라 | 좌절과 냉대 앞에서 절망하지 말라 | 잘못을 인정하고 과감히 고쳐라 | 자신을 낮추면 남을 올려다볼 수밖에 없다 | 잘못을 고치는 추진력을 높여라 | 고질병에는 독한 약을 써야 한다

인재·규범·관리에 주목하라 | 인에 근거하여 의를 따르라 | 정신적으로 강력한 감염력이 있어야 한다 | 하늘의 때와 땅의 지형보다 사람의 화합이 먼저다 | 상하관계는 상호존중을 바탕으로 한다 | 권세를 잘 이용하라 | 개인의 이익과 행복을 보장해야 더 큰 이익을 실현할 수 있다 | 중요한 일은 여러 사람의 지혜를 모아야 한다 | 일을 해결하는 데 정해진 방법은 없다 | 작은 일은 태도를 보고, 큰일은 능력을 보라 | 말과 행동에 지나침이 없어야 한다 | 말 속에 담긴 뜻을 분별할 줄 알라 | 책임을 회피하지 말라 | 덕으로 사람을 복종시키는 것 역시 힘이 필요하다 | 문책을 회피하지 말라 | 자신부터 모범이 되어라 | 뿌리는 대로 거두게 되어 있다 | 실제 행동으로 자신의 신념을 증명하라 | 요령을 터득하여 활용하라 | 자신이 먼저 깨우쳐야 남도 깨우칠 수 있다 | 내실 없는 말을 경계하라 | 낯선 분야에 관해 왈가왈부하지 말라 | 솔직하지 않으면 신임을 얻을 수 없다 | 독립적이고 자체적인 관찰과 판단이 필요하다 | 사람의 마음에는 차이가 있다 | 눈을 통해 마음을 투시하라 | 자기 나름의 판단을 가져라 | 잔꾀는 자기 자신을 죽일 수 있다

남을 사랑할 줄 아는 사람이 타인의 사랑도 받는다 | 교류의 바탕은 상호 존중이다 | 존중심으로 상대를 공손히 대하라 | 예절은 태도로 드러난다 | 허울뿐인 예의를 구분하라 | 공경 속에 진심을 담아라 | 타인에게 호의를 베풀어라 | 교제의 폭을 넓히라 | 함께 즐기며 건강한 인간관계를 만들어라 | 남에게 손해를 끼치면서 이로운 일을 하지 말라 | 벗을 사귈 때 실리를 따지지 말라 | 지나친 행동은 삼가라 | 이간질, 비방, 무고를 일삼지 말라 | 너무 깊이 파고들면 도리어 반감을 불러온다 | 과격함과 경박함을 피하라 | 타인의 반응에 너무 얽매이지 말라 | 시기와 질투를 받지 않으면 평범한 재주에 불과하다 | 비난을 두려워하지 않는 자신감을 가져라 | 모든 사람을 기쁘게 해줄 사람은 없다 | 잘못을 지적해주었다면 마땅히 기뻐하라 | 진심과 성의는 처세의 근본이다 | 말과 행동이 일치해야 한다 | 한 번 내뱉은 말은 되돌릴 수 없다 | 위선자를 단호히 배척하라 | 남에게 스승 노릇을 하지 말라 | 도리에 맞으면 용서해야 한다

보통 사람의 세 가지 즐거움 | 감정은 가장 귀중한 재산이다 | 효는 사람됨의 근본이다 | 순수한 마음을 잃지 말라 | 남을 배려하고 자신을 배려하라 | 무의미한 위험에 접근하지 말라 | 선심을 전하고 정성을 다하라 | 자신을 지키는 것은 가장 큰 효다 | 인덕과 공경은 대상을 가려야 한다 | 정도를 걷지 않으면 고립무원에 빠진다 | 가까운 곳에서부터 시작한다 | 가르침의 방식은 다양하다 | 교육의 다섯 가지 경로 | 문화의 영향은 더 오래간다 | 생명의 마지막 순간을 중시하라 | 핏줄의 연결고리 이어나가기 | 운명 공동체의 구성원

주고받는 것도 적정 기준이 필요하다 | 선은 많이 추구하고 이익은 적게 추구하라 | 덕과 믿음을 지키는 것은 이해득실 때문이 아니다 | 이익과 도의의 원원을 이루라 | 정신적 추구의 잣대를 높여라 | 자신에게 속한 것을 추구하며 자신을 스스로 개선하라 | 선택 앞에서 확고한 신념이 있어야 한다 | 아름다움은 순수함에 있고, 선은 타고난 본성에서 나온다 | 무위무욕의 마음을 가져라 | 말의 신용과 행동의 결과를 뛰어넘어 큰 도리를 따르라 | 인과 불인의 차이를 명확히 인식하라 | 옳은 일을 하며 내면의 만족을 채워라 | 회유를 거절하라 | 강직함 역시 정도를 벗어나면 안 된다 | 양보의 본질을 꿰뚫어야 한다 | 그럴싸한 도를 내세우는 속임수를 경계하라 | 포용과 융통성이 있어야 한다 | 스스로 진리를 찾아라 | 개인의 책임을 짊어져라 | 사소한 것 때문에 큰 것을 놓쳐서는 안 된다 | 표상 때문에 취지를 간과해서는 안 된다 | 누구나 큰 인물이 될 수 있다

一章

인생의 의미를 찾는다

인생의 고도 찾기

<ruby>可<rt>가</rt></ruby><ruby>欲<rt>욕</rt></ruby><ruby>之<rt>지</rt></ruby><ruby>謂<rt>위</rt></ruby><ruby>善<rt>선</rt></ruby>, <ruby>有<rt>유</rt></ruby><ruby>諸<rt>저</rt></ruby><ruby>己<rt>기</rt></ruby><ruby>之<rt>지</rt></ruby><ruby>謂<rt>위</rt></ruby><ruby>信<rt>신</rt></ruby>,

可欲之謂善, 有諸己之謂信,

充實之謂美, 充實而有光輝之謂大,

大而化之之謂聖, 聖而不可知之之謂神.

가깝게 지내고 싶어지게 하는 것이 선(善, 어질고 선량한 마음)이요, 자신에게 어질고
선한 마음이 있는 것을 신(信, 신용, 믿음)이라 한다. 이 두 가지 장점을 충분히 갖추
고 있다면 미(美, 아름다움)라 할 수 있고, 여기서 더 나아가 빛이 나는 것을 대(大, 위
대하다)라고 하며, 위대할 뿐 아니라 각 방면으로 남을 감화하고 교화할 수 있으면
성(聖, 성스럽다)이요, 성스러움이 범인이 헤아릴 수 없는 경지에 도달하면 그것이
바로 신성(神聖, 신성하고 성스럽다)이다.

〈진심장구(盡心章句)〉 하편 중에서

선(善)은 덕행의 고도(高度)이고, 신(信)은 인간관계의
고도이다. 미(美)는 감정과 정신의 고도이고, 대(大)는 인
격과 지혜의 고도이며, 신(神)은 세속을 뛰어넘는 초월의
고도이다.
인생에서 가장 중요한 임무는 바로 일정한 고도에 도달
하는 것이다.

자신만의 기준과 요구 조건 갖추기

대 장　불 위 졸 공　개 폐 승 묵　예
大匠, 不爲拙工, 改廢繩墨. 羿,

불 위 졸 사　변 기 구 율
不爲拙射, 變其彀率.

대목수는 서투른 목수 때문에 먹줄과 먹통을 고치거나 버리지 아니하며, 궁술의
명인 예는 서투른 사수를 위하여 그의 활 당기는 방법을 바꾸지 아니한다.

〈진심장구〉 상편 중에서

　　대목수는 솜씨 없고 우둔한 직공이 있다 해서 자신의
척도를 바꾸거나 포기하지 않고, 하나라 궁술의 명인인
예는 서투른 궁수가 있다 하여 활을 당기는 기준과 방법
을 낮추지 않는다.

실무와 실속에 더 큰 무게를 실어야 하는 경우라면, 당연
히 몸을 낮추고 이치를 주장하기에 앞서 활용성과 친화
성에 더 중점을 두어야 한다. 반대로 이상을 강조해야 하
는 경우라면, 다른 사람에게 끌려가거나 아쉬운 대로 참
고 견디며 그들의 기준에 맞추는 것이 아니라 자신만의
높은 기준과 엄격한 요구 조건을 철저히 고수해야 한다.
그렇게 할 때 비로소 궁극의 목표를 이룰 수 있다.

탄탄한 내실 다지기

원 천 혼 혼   불 사 주 야   영 과 이 후 진   방 호 사 해
源泉混混, 不捨晝夜, 盈科而後進, 放乎四海.

물은 그 원천으로부터 용솟음치며 밤낮없이 쉬지 않고 흘러 갖가지 웅덩이를 가득 메우며 사해로 흘러 들어간다. 물이 멈추지 않고 끊임없이 흐르는 힘은 바로 풍부한 원천에서 나온다고 할 수 있다.

〈이루장구(離婁章句)〉 하편 중에서

'**상선약수(上善若水)**', 즉 지극히 좋은 것은 물과 같다. 이 말은 물이 겸허하고 임기응변에 능한 덕성(德性)을 갖추었을뿐더러 그 미덕이 마르지 않고 늘 충만한 근본과 원천에 있음을 상찬하고 있다.

근원은 바로 내실이다. 이것은 학문·사고·경험을 통해 얻어지는데, 이런 것들이 쌓여야 사고의 틀과 세계관이 만들어지고 깨달음과 득도의 경지에 이를 수 있다.

내실이 있어야 기세가 살아나고, 그 내실이 축적되어야 비로소 올바른 사고의 틀과 인생관, 세계관이 형성될 수 있다. 이것이 바로 물이 우리에게 주는 교훈이다.

고집과 품격 갖추기

비 기 도 즉 일 단 식 불 가 수 어 인

非其道, 則一簞食不可受於人.

도가 아니면 한 줌의 음식이라도 남에게 받아먹어서는 안 된다.

〈등문공장구(藤文公章句)〉 하편 중에서

자신이 가야 할 길이 아니라면 설사 약간의 장점이 있다 해도 절대 받아들여서는 안 된다. 이 말이 편협하게 들릴 수도 있겠지만 그런 결정 속에 나름의 고집과 품격이 내공으로 쌓인다.

옳고 그름은 정도의 차이 없이 고작 선 하나에 경계를 오가는 경우가 많다. 이 선을 넘는 순간 잘못된 길로 들어서고, 선을 벗어나지 않으면 정도를 지킬 수 있는 식이다. 따라서 늘 경계를 늦추지 않고 사소한 부분에 눈이 멀어 자신의 원칙을 무너뜨리지 않도록 주의해야 한다. 그래야 계속 경계를 벗어나지 않고 정도를 향해 걸어갈 수 있다.

넘치는 자신감으로 무장하기

當今之世, 捨我其誰也.
당 금 지 세　 사 아 기 수 야

지금 세상에 나 말고 어느 누가 이 중요한 임무를 맡을 수 있겠는가?

〈공손추장구(公孫丑章句)〉 하편 중에서

"천하가 태평하게 다스려지기를 원한다면, 이 중차대한 임무를 맡을 자가 지금 이 세상에 나 말고 또 누가 있겠는가?"

이 말은 자신감으로 가득 찬 맹자의 자화자찬이기도 하다.

이 말에는 그의 호연지기와 거침없는 자신감, 원대한 이상과 포부, 폭넓은 세계관, 인생관, 사명감이 고스란히 담겨 있다. 누구나 어렵고 힘든 일을 짊어졌을 때 끝까지 견지하고 나아가야 할 것이 바로 이런 확고한 신념과 자신감, 강인한 정신력이다.

넘치는 자신감은 늘 우리를 성공으로 이끌어준다.

풍부한 통찰력 키우기

천지고야　성진지원야　구구기고
天之高也, 星辰之遠也, 苟求其故,

천세지일지　가좌이치야
千歲之日至, 可坐而致也.

하늘이 높고 별이 멀리 있다 하나 진실로 그 원리를 구한다면 천년 후의 절기와 일기의 변화 역시 가만히 앉아서 다 계산해낼 수 있다.

〈이루장구〉 하편 중에서

하늘이 아무리 높고 별이 아무리 멀리 있다 한들 그 모든 것의 정황을 분명히 파악하고 있다면 천년 후의 절기와 일기의 변화 역시 가만히 앉아 힘들이지 않고 알아낼 수 있다.

이 말에 다소 과장된 측면이 있으나 자신감만큼은 분명히 드러난다. 특히 지금처럼 과학 기술이 발달한 시대가 되면서 이 말은 더 설득력 있다. 통찰력이 풍부한 사람일수록 확실히 이런 능력을 발휘할 가능성이 커진다.

천박한 사람이 되지 말라

지 불 약 인   즉 지 오 지
指不若人, 則知惡之.

심 불 약 인   즉 부 지 오
心不若人, 則不知惡.

손가락이 남들과 같지 않으면 그것을 싫어할 줄 알면서, 마음이 남들만 못하면 그
것을 싫어할 줄 모른다.

〈고자장구(告子章句)〉 상편 중에서

사람은 고작 손가락 하나라도 타인과 다르면 그것이
마음에 들지 않아 무슨 수를 써서라도 고쳐야 한다고 생
각하게 마련이다. 그런데 자신의 마음이 다른 사람보다
못하다면 또 어떨까? 오히려 이런 경우에는 부끄러움을
몰라 그것을 고칠 생각조차 하지 못한다.

이 이치는 아주 간단하다. 손가락이 다른 사람과 같지 않
으면 눈에 잘 띄지만, 마음은 다른 사람만 못해도 눈에
보이지 않기 때문이다. 누가 그 못난 마음을 쉽게 알아챌
수 있겠는가?

그래서 천박한 사람은 체면만 따질 뿐 내면 따위에 신경

쓰지 않는다. 지식이나 경험이 깊지 않고 수양이 덜 된 사람은 자신의 천박한 내면을 절대 들여다볼 수 없으니 어쩌면 당연한 결과일 수밖에 없다. 이런 부류야말로 우리가 지양해야 할 인간상이다.

선을 좋아하는 마음을 가져야 한다

호 선 우 어 천 하
好善優於天下.

선을 좋아하면 천하를 다스리고도 남으니, 선량한 미덕은 천하의 모든 것보다 더 우월하고 가치 있다.

〈고자장구〉 하편 중에서

동양문화의 특징 중 하나는 범(泛)도덕론인데, 이는 범선론(泛善論)이라고도 부를 수 있다.

문제는 선악(善惡)의 차이가 고작 잘못된 생각 하나 때문에 만들어지는 것이 결코 아니라는 데 있다. 권력, 종족, 국가, 지역, 자원, 지리적 환경, 기상변화, 발전 수준, 각자의 이익, 문화적 관습, 가치관이 서로 달라 계급 갈등, 민족 갈등, 지역 갈등, 신앙 갈등 등이 빚어진다. 또한 인간과 자연의 부조화로 말미암아 기아, 질병, 자연재해, 생활물자의 부족과 같은 문제가 발생한다. 이런 갖가지 골칫거리는 선(善)에 대한 이해를 하나로 통일하는 데도 당연히 걸림돌이 된다. 그렇기에 우리는 선을 좋아하는 마음을 가져야 한다.

동정심을 마음속에서
한시도 내려놓아서는 안 된다

人皆有不忍人之心.
인 개 유 불 인 인 지 심

사람은 누구나 타인의 고통을 외면하지 못하는 마음을 가지고 있다.

〈공손추장구〉 하편 중에서

사람은 누구나 타인의 고통을 외면하지 못하는 마음을 가지고 있다. 여기서 '외면하지 못하는 마음'은 타고난 동정심과 공감 능력을 가리킨다. 바로 이런 마음이 있었기 때문에 지난 역사 속에서 인류는 힘을 합쳤고 지금의 문명사회를 만들어낼 수 있었다.

인간이 하는 모든 행동은 그 어떤 순간에도 선량한 인성과 양심에서 벗어나서는 안 된다. 이 말이 복잡하거나 심오하지는 않지만, 절대불변의 진리다. 자신을 세상에서 가장 위대하다고 여기며 측은지심을 저버리는 이는 타고난 선량한 마음을 포기한 것과 같으니 사람이라고 할 수 없다.

노력하고도 안되면
한계를 받아들일 줄 알아야 한다

행 지 비 인 소 능 야

行止, 非人所能也.

가고 멈추는 것은 사람이 할 수 있는 일이 아니다. 길을 가는 것은 누가 그리 시켜서이고, 멈추는 것도 누가 가로막아서이니, 이는 모두 하늘의 뜻이다.

〈양혜왕장구(梁惠王章句)〉 하편 중에서

어떤 일을 결심하고 추진하기로 했다면 그 이면에는 그렇게 할 수밖에 없는 이유가 존재한다. 어떤 일을 중단할 때도 그런 결정을 내리도록 만든 제약 요소가 분명히 있다. 일의 추진과 중단은 사람이 늘 좌우할 수 있는 영역이 아니다. 그것은 우연처럼 보이는 몇 가지 필연적 단서가 얽히고설킨 결과물이기 때문이다.

우리는 개인의 노력이 일에 미치는 긍정적 영향도 인식해야 하지만 인력으로 안되는 일도 있다는 것을 겸허히 받아들여야 한다. 지나친 집착은 모든 일에 도움 되지 않을뿐더러 때로는 고통을 수반하기도 한다. 그러므로 집착이 집념이 되어서는 안 된다.

들어 올릴 수 있으면
내려놓을 줄도 알아야 한다

孔子可以仕則仕, 可以止則止,

可以久則久, 可以速則速.

벼슬을 할 만하면 벼슬을 하고, 그만둘 만하면 그만두고, 오래 할 만하면 오래 하고, 빨리 떠날 만하면 빨리 떠나는 것이 좋다.

〈공손추장구〉 상편 중에서

일할 수 있으면 하고 놓을 수 있으면 놓고, 오래도록 그 일을 할 수 있으면 하고 서둘러 떠날 수 있으면 떠나라. 들어 올렸으면 내려놓을 줄도 알아야 한다. 타인의 말에 신경 쓰지 않고 자신의 마음이 시키는 일을 하는 것이야말로 존경받으며 멋지게 인생을 사는 방법이다.

사랑, 일, 삶을 막론하고 모든 것의 이치가 이와 크게 다르지 않다. 조금만 초탈하는 법을 배우면 인생은 훨씬 즐거워질 수 있다.

계산과 비교로 인생을 낭비하지 말라

군 자 유 종 신 지 우　무 일 조 지 환 야
君子有終身之憂, 無一朝之患也.

군자에게 평생의 번민은 있을지언정 하루아침에 생기는 마음의 동요란 없다.

〈이루장구〉 하편 중에서

인품과 덕을 갖춘 이가 다다른 경지는 차원이 다르므로 그의 포부, 자질, 내면의 깊이는 다른 사람들과 비교가 되지 않을 정도로 비범하다.

그들의 걱정거리는 하찮고 자질구레한 것이 아니라 완수하지 못한 사명, 실현하지 못한 꿈, 최대치로 끌어올리지 못한 자신의 가치, 재능, 충정, 공헌 같은 것이다.

그들은 한때의 영예와 치욕, 이해와 득실을 돌아볼 때조차도 과실이 자기에게 있다고 생각할지언정 절대 남과 하늘을 원망하지 않는다. 매일 불안에 떨며 사소한 것에 연연하고 계산과 비교를 반복하며 사는 사람은 결코 크게 될 수 없다.

세상만사의 근원을 분명히 밝혀야 한다

불 췌 기 본   이 제 기 말
不揣其本, 而齊其末,

방 촌 지 목   가 사 고 어 잠 누
方寸之木, 可使高於岑樓.

문제의 근본을 헤아리지 않고 그 끝만 보고 평가하면(근원을 고려하지 않고 그 결과만 평가한다면) 한 치밖에 되지 않는 나무도 높은 누대보다 높아 보이게 만들 수 있다.

〈고자장구〉 하편 중에서

문제의 본질을 밝히지 않은 채 그 끝만 헤아리고, 일의 근원을 고려하지 않고 그 결과만 평가하면 그 결론 또한 우스꽝스러워질 수밖에 없다.

모든 토론은 결과뿐 아니라 그 뿌리도 봐야 한다. 고작 한 치밖에 안 되는 나무를 누대보다 높아 보이도록 하는 방법은 아주 간단하다. 그것을 어디에 둘지 혹은 어디까지 들어 올릴지 보면 된다. 끝없이 광활한 세상을 일률적으로 논하는 것은 불가능하다.

가장 근본적인 관념을 파악해야 한다

만 물 개 비 어 아 의
萬物皆備於我矣.

만물이 모두 내 안에 갖추어져 있다. 인간의 '본아(本我)'는 세상 만물을 배려하고
끌어들이는 힘을 가지고 있다(본아가 깨닫는 것은 바로 세상 만물의 본성과 규율이다).

〈진심장구〉 상편 중에서

❦

'**만물이** 모두 내 안에 갖추어져 있다'라는 맹자의 말처
럼 사람은 누구나 무한한 능력을 갖고 있다. 맹자의 이런
관념은 크게 두 가지로 볼 수 있다. 하나는 주체와 객체
의 융합이고, 또 하나는 만물과 하나로의 융합이다. 불교
에 등장하는 만법귀일(萬法歸一, 모든 것이 마침내 한곳으로
돌아감)은 세상의 통합과 통일을 의미하며, 근본적인 만
고불변의 진리를 추구한다.

사람들은 세상에 존재하는 근본적인 관념, 즉 가치와 도
리를 깨우치기만 하면 모든 것을 정확히 처리할 수 있다
고 믿는다. 이것은 삶에 엄청난 자신감과 즐거움을 불어
넣는 힘이다.

그래서 우리는 내면의 이드(Id, 원초아, 무의식 속에 가지고

있는 선천적이고 본능적인 에너지의 원천)를 추구하며 단련을
통해 내공을 쌓아가야 한다. 더불어 외적으로는 관대하
고 인자한 도를 베풀며, 처지를 바꾸어 생각하려는 노력
이 필요하다. 이때 용서는 인(仁)에 가까워야 한다. 그래
야만 말뿐인 용서에서 벗어나 적을 만들지 않고 자멸을
막을 수 있다.

모든 일의 자초지종을 파악해야 한다

行之而不著焉, 習矣而不察焉,
행 지 이 부 저 언   습 의 이 불 찰 언

終身由之而不知其道者衆也.
종 신 유 지 이 불 지 기 도 자 중 야

행하면서도 왜 그렇게 해야 하는지 모르고 습관적으로 할 뿐 그 이유를 알지 못하
니, 평생을 행하면서도 그 도를 깨우치지 못하는 자가 많다.

〈진심장구〉 상편 중에서

분명 무언가를 했지만 무엇을 했는지 모르고, 익숙해졌
지만 무엇에 익숙해졌고, 왜 익숙해졌는지 깨닫지 못하
고, 사는 내내 정해진 이치에 따라 움직였을 뿐 그것이
어떤 이치인지 모른다. 이것은 대다수 사람이 겪는 상황
이기도 하다.

사실 사회 속에서 어떤 일을 하다 보면 일정한 가치판단,
규칙, 관습에 따라 움직일 수밖에 없다. 문제는 대부분의
사람이 오랫동안 사회적 실천을 통해 인정된 것을 따르기
만 할 뿐 그 속에 담긴 경위는 묻지도 따지지도 않는다는
데 있다. 이렇게 되면 삶이 수동적일뿐더러 어리석어진다.
큰 뜻을 세운 사람이라면 이런 상황을 반드시 피해야 한다.

열정을 예술로 승화시켜야 한다

仰而思之, 夜以繼日. 幸而得之, 坐以待旦.
양 이 사 지　야 이 계 일　행 이 득 지　좌 이 대 단

하늘을 우러러보면서 밤낮으로 생각하고, 다행히 묘안이 떠오르면 날이 밝을 때까지 앉아서 기다렸다.

〈이루장구〉 하편 중에서

진리와 큰 도를 추구하고, 자신만의 흥미와 취미가 있는 사람은 진정 행복하다. 그들은 무언가에 빠져들면 먹고 자는 것조차 잊을 만큼 밤낮으로 그 일에 매달린다. 이 집념이 바로 그들을 최고의 자리에 올려놓는 원동력이다.

영국의 철학자 버트런드 러셀(Bertrand Russell)은 인류가 이룩한 성과 중 가장 위대한 것들은 늘 모종의 심취에서 비롯되었다고 말했다. 이렇게 심취해야만 우리는 비로소 욕망을 열정으로, 열정을 다시 예술로 승화시킬 수 있다.

二章

사람답게 산다

사람과 짐승의 차이

인 지 소 이 이 어 금 수 자 기 희
人之所以異於禽獸者幾希.

사람이 금수와 다른 점은 사실 그리 많지 않다.

〈이루장구〉 하편 중에서

인간의 내면에 존재하는 인문적 특성을 상실하면 사람도 금수와 다를 바 없는 존재가 될 수 있다.

훌륭한 인격과 덕을 갖춘 사람은 자신의 인문적 특징을 한결같이 유지하고 보호하는 데 탁월한 능력을 발휘할 줄 안다. 물론 그들 역시 식욕, 색욕, 물욕에서 자유로울 수 없다. 하지만 그들은 인(仁)과 의(義)의 도리를 따르는 원칙과 예법(禮法)의 규율 속에서 자신을 다스릴 줄 안다. 반면, 소인은 전혀 그렇지 못하다. 그들은 사리사욕에 정신이 팔려 의를 저버리고, 색(色)에 취해 예(禮)를 상실하고, 권력에 눈이 멀어 인(仁)을 잊는 등 너무 쉽게 동물적 본능에 휩쓸린다. 그 결과 악덕이 난무하고, 악인이 횡행하고, 악습이 판을 치고, 예법이 무너져 내린다. 이 모든 것이 때로는 생각의 한 끗 차이에 달려 있기도 하다.

자신의 인문적 특징을 유지하는 것만이 인격과 인품을 갖춘 진정한 사람이 되는 길이다.

사람됨의 마지노선, '양지'를 사수하라

인지소불학이능자　기양능야
人之所不學而能者, 其良能也.

소불려이지자　기양지야
所不慮而知者, 其良知也.

사람이 배우지 않고도 잘 할 수 있는 것은 양능(良能)이고, 생각하지 않아도 아는
것은 양지(良知)이다.

〈진심장구〉 상편 중에서

예로부터 훈련을 통해 배우지 않고도 잘 할 수 있는 것
을 양능(良能), 생각하지 않아도 알 수 있는 지식을 양지
(良知, 양심)라고 불렀다. 지금까지도 양능과 양지, 이 두
용어는 여전히 거대하고 강렬한 현실적 의미와 사람 마
음을 움직이는 감동의 힘을 가지고 있다. 그것은 상식,
인지상정, 도리에 호소하는 독특한 매력을 발휘한다.
오늘날 일반적으로 말하는 양지와 양능은 논란을 최소
한도로 낮추는 인간의 품덕(品德, 인품과 덕성)과 인지의
마지노선 혹은 보편적 가치를 의미한다. 예컨대 종족 말
살, 민간인 대량 학살, 잔혹한 형벌 및 고문 등이 지금 인

류의 양지, 양능을 위배하는 행위라고 말한다면, 핵심은 그 능력을 갖추고 태어났는지, 그 지식을 저절로 알게 된 것인지 여부가 아니라 그것이 인간으로서의 마지노선을 위배했다는 데 있다.

자신의 덕행을 귀히 대접하라

인 인 유 귀 어 기 자   불 사 이 의
人人有貴于己者, 弗思耳矣.

사람은 누구나 자신만의 귀한 것을 가지고 있다. 다만 그들이 그것을 알아채지 못하고 있을 따름이다.

〈고자장구〉 하편 중에서

사실 누구나 내면에 자신만의 고귀한 능력을 갖추고 있다. 다만 많은 이가 그 능력이 이끄는 방향으로 사고하려 들지 않을 뿐이다. 인간처럼 평범한 존재에게 가장 중요한 것은 높은 지위, 권세나 돈이 아니라 정신적 고귀함이다. 자신의 덕행을 충실하게 다져온 사람은 권력과 돈에 의지하지 않고, 권세를 가진 자의 인정에 의존할 필요도 없다.

'사람은 누구나 자신만의 귀한 것을 가지고 있다. 다만 그들이 그것을 알아채지 못하고 있을 따름이다.'

맹자의 이 가르침은 간단명료하면서도 명쾌한 깨우침을 선사한다. 문제는 더할 나위 없이 고결하고 진귀하며 타고난 자신의 능력 가치를 소중하게 여기지 못한 채 타인의 '추악한 성공'만을 부러워하는 어리석고 좁은 소견에 사로잡힌 사람이 너무 많다는 것이다. 그들은 벼락부자가 되는 식의 성공, 비루한 지식과 경험을 바탕으로 내실 없이 운 좋게 이룩한 성공, 거드름을 피우며 무게만 잡는 성공, 소인배의 손에 칼자루를 쥐어주는 식의 성공, 남의 힘을 빌려 이룩한 성공일지라도 오로지 그 결과만 부러워하며 자신을 하찮은 존재로 전락시킨다.

사람은 마땅히 사람다워야 한다

_{형 색　　천 성 야　　유 성 인 연 후　　가 이 천 형}
形色, 天性也. 惟聖人然後, 可以踐形.

형체, 행동거지와 용모, 기색은 모두 타고나는 것이며, 오로지 성인(聖人)만이 하늘
이 부여한 형색의 능력을 제대로 발휘하며 살아갈 수 있다.

〈진심장구〉 상편 중에서

사람이라면 사람답게 형식과 내용, 겉과 속이 일치해
야 한다. 인간은 온몸이 털로 뒤덮이고 네발로 기어 다니
는 짐승의 모습이 아니라 오관(五官, 눈, 코, 입, 귀, 눈썹)과
사지(四肢)를 가진 모습으로 태어난 만물의 영장이다. 따
라서 이에 걸맞은 모습으로 자신을 만들고 드러낼 수 있
어야 한다.

사람의 형상을 하고 태어난 이들을 진정으로 사람답게
만드는 것은 바로 그들의 선량한 천성을 끌어내고 발전
시키는 데 있다.

안타까운 것은 사람의 형상만 가지고 있는 그런 이들이
다. 비록 그들은 사람의 탈을 쓰고 있다 하나 뱀, 전갈, 호
랑이, 늑대와 하등 다를 바 없다.

본연의 가치를 높여라

惻隱之心, 人皆有之. 羞惡之心, 人皆有之.
공 경 지 심　인 개 유 지　시 비 지 심　인 개 유 지
恭敬之心, 人皆有之. 是非之心, 人皆有之.

측은하게 여기는 마음은 누구나 다 가지고 있고, 부끄러워하는 마음도 누구나 다 가지고 있다. 공경하는 마음은 누구나 다 가지고 있고, 옳고 그름을 따지는 마음도 누구나 다 가지고 있다.

〈고자장구〉 상편 중에서

동정하는 마음, 부끄러워하는 마음, 공경하는 마음, 시비를 판별하는 마음은 누구나 가지고 있다.

이런 꾸밈없는 감정이 한 단계 발전하면 동정하는 마음은 인(仁)으로, 부끄러워하는 마음은 의(義)로, 공경하는 마음은 예(禮)로, 옳고 그름을 따지는 마음은 지(智)로 변한다. 이런 타고난 심성은 외부세계의 영향을 받아 덧씌워지는 것이 아니라 인간 본연의 것이다.

고상한 품위와 행동은 모두 인간이 본래 가지고 있던 꾸밈없는 감정의 승화라고 할 수 있다.

인성의 역할 강조하기

명야　유성언　군자불유명야
命也, 有性焉, 君子不謂命也.

이는 운명이 부여한 것이지만, 인성의 성장에 의지해야 비로소 완벽한 모습을 갖출 수 있다. 도덕에 대한 성인(聖人)의 이런 잣대는 그들의 운명이 결정한(우연성, 상대성) 일면을 강조하지 않는다.

〈진심장구〉 하편 중에서

　　인성(人性)에는 생리적 요구, 이른바 '식색, 성야(食色, 性也, 인생은 음식과 남녀를 떠나 살 수 없다)'가 있다. 하지만 그것은 명(命), 즉 생명과 운명이라는 이 한 면만을 강조할 뿐이라서 타고난 자질, 추구와 욕구, 양심 역시 인성이라는 것을 강조하는 데 적합하지 않다.

인의예지(仁義禮智), 하늘의 도리와 같은 정신적 특징과 추세 역시 마찬가지로 생명과 운명의 의미를 담고 있다. 하지만 이것이 강조하는 것은 생명과 운명이 아니라 인성이다. 인성의 정신적, 도덕적 측면을 강조하는 것이야말로 동양 전통문화의 특징 중 하나다.

기회는 본성 속에 있다

요 수 불 이   수 신 이 사 지   수 이 입 명 야
夭壽不貳, 修身以俟之, 遂以立命也.

일찍 죽고 늦게 죽는 것을 개의치 않고, 흔들림 없이 하던 바를 다하고, 몸과 마음을 바로잡으며 천명을 기다려야 비로소 몸이 편해지고 마음이 안정된다.

〈진심장구〉 상편 중에서

몸과 마음이 편안해지고자 신에게 빌고, 요행을 찾고, 미신에 의지하는 것은 옳지 않다. 그럴 바에야 인심, 인성, 양지, 양능으로 내실을 다지고, 몸과 마음을 바로잡으며 기회를 기다리는 편이 낫다. 이렇게 하는 것이 신에게만 의지하며 닿을 수 없고 만질 수 없는 모호한 느낌에 빠진 것보다 더 현실적이고 깊은 깨우침을 준다.

몸과 마음이 모두 편안한 삶은 내면과 본성에서 구해야 하며, 하늘이 주는 기회는 본성과 양심 속에 존재한다.

선은 마음의 자양분이 될 수 있다

<ruby>以善服人者<rt>이 선 복 인 자</rt></ruby>, <ruby>未有能服人者也<rt>미 유 능 복 인 자 야</rt></ruby>.

<ruby>以善養人<rt>이 선 양 인</rt></ruby>, <ruby>然後能服天下<rt>연 후 능 복 천 하</rt></ruby>.

선을 내세워 타인을 정복하려 한다면 누구도 굴복시킬 수 없다. 선으로 자양분을
주고 감복시킬 수 있어야 비로소 천하를 따르게 할 수 있다.

〈이루장구〉하편 중에서

힘의 각축전을 벌일 때 고비가 찾아오면 선은 늘 무능
함을 감추는 도구로 사용됐다. 반면에 승자는 '독종', '악
에 받쳐 눈에 보이는 것이 없는 존재', '선수를 치고 이긴
자', '모루가 되느냐, 망치가 되느냐'(게오르기 디미트로프
Georgi Dimitrov가 독일 국회의사당 방화사건의 배후 인물로 재판에 회
부되어 최후 변론을 할 때 괴테의 시에서 인용한 문구)와 같은 말
로 비하되곤 했다.

하지만 힘과 폭력으로 얻은 성공과 평화 역시 결코 오래
갈 수 없다는 것을 우리는 역사 속에서 늘 보아왔다. 그
들이 천하를 얻었을지는 몰라도 다스릴 수는 없었다.

힘과 폭력이 권력이 되는 가운데 현실적으로 선이 사람을 복종시키는 절대 반지가 될 수 없음을 인정해야 할 때가 있다. 그러나 선이 마음의 자양분이 될 수 있다는 사실만은 명확히 짚고 넘어가야 한다. 마음으로부터 우러나는 복종을 얻어낼 수 없다면 한때의 승리는 얻을 수 있을지 몰라도 그 성공을 절대 오래 유지할 수 없다.

도덕적 자질을 내면에 융화시켜라

군자소성　수대행불가언
君子所性, 雖大行不加焉,

수궁거불손언　분정고야
雖窮居不損焉, 分定故也.

군자가 지닌 본성은 설사 그것을 크게 행하여도 더함이 없고, 비록 궁하게 살아도
덜하거나 위축되는 것이 없으니 자신의 분수가 이미 정해져 있기 때문이다.

〈진심장구〉 상편 중에서

도덕적 자질이 뛰어난 사람이 가진 본성은 설령 크게 행하여도 더함이 없고, 궁하게 살아도 덜함이 없으니 손해를 보거나 위축될 일도 없다. 이는 자신의 분수가 이미 정해져 있기 때문이다.

이런 본성은 타고난 인성의 유기적 부분으로 자리를 잡고 있기에 외부 요소의 방해를 받지 않는다.

우리가 도덕적 자질을 자신 안에 체화하려면 마치 신체의 일부가 되듯 그것을 내면에 융화시켜야 한다.

선이라는 힘

聞一善言, 見一善行,
문 일 선 언 　 견 일 선 행

若決江河, 沛然莫之能御也.
약 결 강 하 　 패 연 막 지 능 어 야

선한 말 한마디를 듣고 선한 행동 하나를 보면 장강과 황하의 제방이 터지는 것처럼 세차게 쏟아져 나와 아무도 그것을 막을 수 없다.

〈진심장구〉 상편 중에서

선과 덕이 넘치는 아름다운 언어를 듣고 그런 행동을 보게 된다면, 누구라도 선의 힘을 느끼고 나아가 선과 덕을 행하고 구하게 될 것이다. 이런 힘은 큰 강의 제방이 터져 그 물이 쏟아져 나오는 것처럼 막을 길이 없다.

우리 주위를 둘러보면 폭력, 무기, 음모, 사기 등 듣기만 해도 두렵고 우울해지는 악의 힘이 점점 사회 전체에 만연해지고 있는 듯하다. 하지만 한 가지 확실한 사실은, 그런 악에 휘둘리지 않고 우리를 정화할 수 있는 것은 선이라는 힘이다.

자신의 심성을 세심히 살펴야 한다

苟得其養, 無物不長. 苟失其養, 無物不消.

제대로 잘 보살피면 무엇이든 잘 자라고, 제대로 잘 보살피지 못하면 무엇이든 시들어버린다.

〈고자장구〉 상편 중에서

사람이라면 마땅히 자신의 선량하고 아름다운 심성(心性)을 기르고 보살피는 일에 주의를 기울여야 하고, 그것을 소홀히 하거나 해롭게 해서는 안 된다.

양심과 선한 생각 역시 초목이나 화초처럼 때맞춰 물을 주고 다듬으며 정성껏 돌봐주어야 한다. 다시 말해서 우리는 초목과 화초를 돌보듯 우리의 심성을 보살펴야 한다.

위선을 멀리하라

惡莠, 恐其亂苗也. 惡佞,
恐其亂義也. 惡利口, 恐其亂信也.

가라지를 미워하는 것은 그 곡식의 싹을 흐트러뜨릴까 봐 두려워서고, 아첨을 미워하는 것은 그게 의를 어지럽힐까 봐 두려워서고, 교묘한 말솜씨를 미워하는 것은 그게 믿음을 어지럽힐까 봐 두려워서다.

〈진심장구〉 하편 중에서

가라지를 싫어하는 것은 그것이 곡식의 싹을 흐트러 뜨릴까 봐 두려워서고, 아첨을 싫어하는 것은 그것이 도리의 원칙을 무너뜨릴까 봐 두려워서고, 뛰어난 말솜씨를 경계하는 것은 그것이 성실과 신의를 망칠까 봐 두려워서다. 그런 것들이 모두 위선이라서 그렇다.

어느 한쪽에도 치우치지 않는 중도(中道)를 통해 안정적이고 합리적이며 성숙한 판단을 강조하고, 위선에는 혹독한 비판을 아끼지 않아야 한다.

49

철저하게 잔인한 것보다
착한 연기를 하는 편이 낫다

君子之於禽善也, 見其生, 不忍見其死.
聞其聲, 不忍食其肉.

군자는 짐승을 대할 때 살아 있는 모습은 보아도 죽어가는 모습은 차마 보지 못하고, 죽어가면서 애처롭게 우는 소리를 듣고는 차마 그 고기를 먹지 못한다.

〈양혜왕장구〉 상편 중에서

우리 주변에는 인간의 도덕적 마지노선을 뛰어넘는 일들이 분명 존재한다. 그것은 도저히 참을 수 없거나 용납되지 않고 하물며 직접 나서서 할 리도 없는 그런 일들이다. 예를 들어 짐승이 잔인하게 죽어가는 모습을 아무렇지 않게 지켜보거나, 그것이 죽어가며 처절하게 우는 소리를 듣고도 죽은 후에 그 고기를 먹는 것은 분명 도덕적 마지노선을 뛰어넘는 일이다.

이런 도덕적 마지노선은 논리, 판단, 실리에 따른 선택이라기보다 타고난 양심, 선량한 감정, 연민, 용서와 자비

라고 말하는 편이 낫다.

사람은 누구나 실리를 따지면 잔혹해질 수 있고, 선을 좇
으면 본연의 양심을 드러내는 자가당착의 모습을 가지
고 있다. 하지만 선을 표현하고 더 나아가 그걸 연기하는
것이 실리만 좇거나 전혀 착하지 않은 것보다 오히려 낫
다. 철두철미하게 잔인한 것보다 이런 것이 차라리 훨씬
더 인간적이다.

해서는 안 될 일이라면 하지 말라

인 유 불 위 야　이 후 가 이 유 위
人有不爲也, 而後可以有爲.

사람이 하지 않음이 있은 뒤에야 하는 것이 있을 수 있다.

〈이루장구〉 하편 중에서

해서는 안 되는 일이 무엇인지 알아야 비로소 해야 할 일을 제대로 할 수 있다. 이것은 누구나 알고 있는 지극히 간단한 이치다.

하지 말아야 할 일을 하고, 그 결과가 뻔히 보이는 일에 매달리고, 심지어 사람으로서 도저히 해서는 안 되는 부도덕하고 비열한 짓을 해놓고 어떻게 정도를 걸어갈 수 있겠는가?

이것은 품성의 문제, 좋은 사람과 나쁜 사람을 구분 짓는 문제일 뿐 아니라 근본적인 지혜를 가늠하는 문제이기도 하다. 유능한 사람은 상황을 봐가며 일을 처리하는 데 능해야 한다. 대소와 경중을 나누지 않고 모든 일을 직접 나서서 다 하려는 사람은 큰 성과를 거둘 수 없다.

작은 악이라도 행하지 말라

박 호 운 이   오 득 무 죄
薄乎云爾, 惡得無罪?

잘못이 크지 않다고 어찌 잘못이 없다고 말할 수 있겠는가?

〈이루장구〉 하편 중에서

작은 잘못이라 해도 어찌 잘못이 없다고 말할 수 있겠는가?

물론 작은 잘못은 용서를 받아야 마땅하다. 하지만 그렇다고 해서 그것을 등한시하고 숨겨도 된다는 것은 절대 아니다. 머지않은 장래에 그 작은 잘못이 큰 잘못이 되지 않는다고 누가 장담할 수 있겠는가.

그래서 옛말에 '아무리 작은 악도 행하지 말고, 아무리 작은 선이라도 행하라(勿以惡小而为之, 勿以善小而不为_{물이악소이위지, 물이선소이불위})'라고 했다.

선에는 선한 보답이 따르고,
악에는 악한 보답이 따른다

불 유 기 도 이 왕 자
不由其道而往者,

여 찬 혈 극 지 류 야
與鑽穴隙之類也.

정도를 따라 걷지 않는다는 것은 벽에 구멍을 뚫어 몰래 엿보는 짓과 다르지 않다.

〈등문공장구〉 하편 중에서

어떤 일들은 혐오감을 불러일으킨다. 이는 그 일 자체
때문이 아니라 그것을 하는 사람이 정도를 벗어났기 때
문이다. 정도를 걷지 않는 일은 마치 벽에 구멍을 뚫어
그 틈으로 엿보는 것과 같은 짓이다. 이런 행위는 사람들
의 손가락질을 받을뿐더러 그 자신도 떳떳할 수 없다.
정도에 부합하지 않는다면 설사 목적을 이루었다 해도
수치스러운 일이 되니 결국 설 자리를 잃을 수밖에 없다.
정도를 걸으면 선한 보답이 있고, 정도가 아닌 길을 걸으
면 그에 걸맞은 후환이 따른다. 정도가 아닌 길을 가는데
잘나가고 있다면, 아직 그 대가를 치를 때가 오지 않은

것뿐이다. 그때는 언젠가 찾아오게 되어 있다. 그때는 조
롱거리가 되어도 피할 길이 없다.

三章

독창적인방법으로 배운다

배움의 최고 경지

자 득 지　즉 거 치 안　거 치 안　즉 자 지 심
自得之, 則居治安. 居治安, 則資之深.
자 지 심　즉 취 지 좌 우 봉 기 원
資之深, 則取之左右逢其原.

스스로 이치를 깨닫게 해야 안정되고 동요하지 않으며, 올바른 도로써 사물의 이
치를 깊이 깨달으면 내면의 자질이 깊어지고, 그 자질이 깊어지면 주변으로부터
진리의 근본을 만나 터득한 진리를 체험할 수 있다.

〈이루장구〉 하편 중에서

배움의 최고 경지는 주체가 되는 것이다. 객체의 지식,
학문, 도리와 자신의 이해, 체험, 깨달음, 애증, 희망을 결
합하면 초월의 경지에 들어서 지식이 골격이 되고, 학문
이 도량이 되고, 도리가 지혜가 되고, 규율이 자신감이
된다. 결국 그 모든 것이 하나의 주체로 융화되는 자질이
만들어지고, 그 자질이 깊어지면 주변의 모든 것으로부
터 진리의 근본을 만날 수 있다.

더 나은 것을 추구하라

오 문 출 어 유 곡 천 어 교 목 자
吾聞出於幽谷遷於喬木者,

미 문 하 교 목 이 입 어 유 곡 자
未聞下喬木而入於幽谷者.

나는 깊은 골짜기에서 나와 높은 나무로 옮겨 간다는 말은 들어봤어도, 높은 나무에서 내려와 깊은 골짜기로 들어간다는 말은 들어보지 못했다.

〈등문공장구〉 상편 중에서

우리는 누구나 높은 곳을 향해 올라가려는 경향이 있다. 새가 깊은 골짜기에서 나와 높이 솟은 큰 나무를 향해 날아가는 경우는 있어도, 큰 나무에서 깊은 골짜기 속으로 날아가는 경우는 극히 드문 것처럼 사람 역시 마찬가지다.

사람들은 늘 자연스럽게 선을 지향하고, 더 완벽한 경지를 추구한다. 이것은 일종의 천성이다. 이런 천성에 순응하고 노력한다면 우리는 더 먼 곳까지 날아갈 수 있다.

규칙을 따르지 않으면
네모와 동그라미를 완성할 수 없다

불 이 규 구   불 능 성 방 원
不以規矩, 不能成方圓.

곱자와 그림쇠가 없으면 정확한 모양의 네모와 동그라미를 완성할 수 없다.

〈이루장구〉 상편 중에서

일상생활에서 단지 인정과 감정에 의지해 가치와 취사(取捨)를 결정해서는 안 되며, 반드시 규칙과 규범을 따르려는 인식이 필요하다.

우리는 자신에게 엄격하고, 타고난 양심, 양지, 양능을 지키며 지혜롭게 살아갈 수 있어야 한다. 하지만 '타고난 자질'만으로는 부족하다. 선현, 역사, 문화로부터 규칙과 수위를 배우고 조절할 줄 알아야 한다. 즉, 훌륭한 자질을 갖추는 것도 중요하지만, 효과적인 규칙과 절차와 수단도 수반되어야 한다. 규칙, 절차, 수단은 일종의 문화이자 역사적 경험의 축적이다. 어떤 사람을 자로 잰 듯이 반듯하고 믿을 만하다고 말한다면, 그것은 심성과 문화가 서로 결합한 일종의 공감에서 나온 표현이다.

아무리 위대한 사람도 규범과 규칙을 꾸준히 연마해야
한다. 이는 곱자와 그림쇠가 없으면 네모와 동그라미를
제대로 완성할 수 없는 이치와 같다.

규칙을 배우고, 어진 마음을 길러라

대 장 회 인 필 이 규 구   학 자 역 필 이 규 구
大匠誨人必以規矩, 學者亦必以規矩.

대목장이 사람을 가르칠 때 반드시 곱자와 그림쇠를 사용했으니, 목수 일을 배우
는 사람 역시 먼저 그 규칙과 원칙을 반드시 따라야 한다.

〈고자장구〉 상편 중에서

사람들은 흔히 천성과 규칙을 대립시킨다. 하지만 인
심(仁心, 어진 마음)은 천성에서 나오는데, 인심을 잃게 만
드는 것은 악습, 악인, 악조건이다. 후천적으로 형성된
열악한 조건을 극복하려면 반드시 배움에 매진해야 하
고, 배우기 위해서는 규칙을 엄격히 지켜야 한다. 규칙은
후천적이고, 후천적 규칙은 선천적인 인심을 회복, 복원,
부활, 강화, 함양하기 위해서 꼭 필요하다. 규칙을 중시
하지 않고 반대한다면 모든 상황이 열악해지고, 인성은
타락하게 된다.

책을 통해 성현과 벗이 되어라

頌其詩, 讀其書, 不知其人可乎,
송 기 시 독 기 서 부 지 기 인 가 호

是以論其世也, 是尚友也.
시 이 론 기 세 야 시 상 우 야

그들의 시를 외우고 그들의 글을 읽고도 그들의 사람됨을 알지 못한다면 어찌 서
로를 가장 잘 알아주는 벗이 될 수 있겠는가?

〈만장장구(萬章章句)〉 하편 중에서

책 한 권을 읽는 것은 그 책의 저자와 대화를 나누는 것
과 같다. 이런 배움을 향한 바람은 사유와 관념을 통한
융합과 충돌을 통해 과거의 영웅호걸, 학자, 성현과 벗이
되는 길로 이어진다.

그들의 시를 읽고 책을 보면서 그들을 알아가고 함께 세
상을 논하는 것은 바로 우정을 현재에서 고대로 확장하
는 통로이기도 하다. 책을 읽을 때 그 속에 담긴 내용을
곱씹지 않고 대충 보아 넘긴다면, 저자와의 공감대를 절
대 형성할 수 없다. 이런 식이라면 책을 보지 않은 것과
뭐가 다르겠는가?

책을 읽을 때는 독립적인 사고를 해야 한다

진신서   즉불여무서
盡信書, 則不如無書.

《상서》에 나온 말을 곧이곧대로 믿는다면 세상에《상서》가 없느니만 못하다.

〈진심장구〉 하편 중에서

'서(書)'는 고대 경전《상서(尙書)》를 가리키며, 이것은 훗날 모든 서책의 대명사가 되었다.

책에서 무슨 말을 하든 다 믿는다면 세상에 책이 없는 것만 못하다고 했다. 이는 책 속의 지식을 맹신해서는 안 되며, 그러기 위해서는 독립적 사고가 필요하다는 것을 강조하는 말이다.

책을 읽을 때는 통찰력과 날카로운 비판 정신을 바탕으로 삼아야 하며, 독립적 사고에 능한 이치만 고지식하게 기억하고 응용과 폭넓은 사고를 할 줄 모르는 책벌레가 되어서는 안 된다.

새로운 변화를 추구하며
시대와 함께 나아가라

彼一時, 此一時也.
피 일 시　차 일 시 야

그때는 그때이고, 지금은 지금이다(그때의 기준이 지금도 반드시 적용된다고 할 수는 없다).

〈등문공장구〉 하편 중에서

옛말에 궁하면 변하고, 변하면 통하고, 통하면 지속된다고 했다. 새로운 삶을 살기 위해서는 시대의 흐름과 더불어 나날이 새롭게 변화할 줄 알아야 한다. 마음속에 한 가지 기준만 고수하고 변화를 허용하지 않는다면 어찌 새로운 변화를 추구하며 발전할 수 있겠는가?

'흐르는 물은 썩지 않고, 문지도리(문짝을 여닫을 때 문짝이 달려 있게 하는 물건)는 좀이 먹지 않는다'라고 했듯이 우리 역시 끊임없이 변화를 모색하며 시대와 더불어 발전해 가야 한다. 객관적 조건이 다르다는 것을 받아들이고 유연한 관점으로 문제를 바라볼 때 고집과 정체에서 벗어날 수 있다.

타고난 자질이 아무리 좋아도
자양분이 필요하다

西子蒙不潔, 則人皆掩鼻而歸之.

서시라도 불결한 것을 뒤집어쓰고 있으면 누구나 코를 막고 지나간다.

〈이루장구〉 하편 중에서

서자(西子)는 중국 4대 미녀 중 한 명이라고 불리는 서시를 가리킨다. 서시가 아무리 아름답다 해도 불결한 것을 뒤집어쓰고 있다면 누구라도 코를 막고 지나갈 것이다. 이는 소양, 예의, 자기관리의 중요성을 의미한다. 선천적인 조건이 아무리 좋아도 소양과 예의를 갖추지 못하고 예법에 따라 자신에게 필요한 내실을 다지지 않는다면, 아름답지만 추하고 선하지만 악한 면을 드러낼 수밖에 없다. 반대의 경우 역시 마찬가지다.

천부적으로 뛰어난 자질도 조심스럽게 다루고 자양분을 주어야 하는데, 하물며 다른 것은 어떻겠는가?

천성을 갈고닦아 빛을 내라

오 곡 자　종 지 미 자 야　구 위 불 숙　불 여 제 패
五穀者, 種之美者也. 苟爲不熟, 不如荑稗.

오곡은 식물의 종자 중에서 가장 좋은 것이지만 제대로 익지 않으면 잡초만도 못할 수 있다.

〈고자장구〉 상편 중에서

오곡은 식물의 종자 중에서 사람에게 가장 이로운 것이지만 제대로 여물지 않으면 잡초만도 못하다.

세상 만물이 모두 이와 같아서 아무리 좋은 것일지라도 그 장점이 온전히 빛을 발하려면 상당한 숙성의 기간이 필요하다.

천성이 아무리 뛰어난들 면역력, 적응력, 확장력, 복원력을 높여 강인해지는 건강한 발육과 성장의 과정을 거치지 않는다면 재목이 될 수 없다.

'천작'을 수양하는 데 힘쓰면
'인작'도 따라온다

인 의 충 신　　낙 선 불 권　　차 천 작 야
仁義忠心, 樂善不倦, 此天爵也.

공 경 대 부　　차 인 작 야
公卿大夫, 此人爵也.

고 지 인 수 기 천 작　　이 인 작 종 지
古之人修其天爵, 而人爵從之.

인의, 신의, 충성을 다하고 선을 즐기는 것을 게을리하지 않는 것은 하늘이 내린 벼슬의 기준이다. 공경, 대부, 관직, 직함, 직급 등과 같은 것은 사람이 만든 벼슬이다. 고로 하늘이 내린 벼슬을 수양하는 데 힘을 쓰다 보면 사람이 만든 벼슬도 따라오게 되어 있다.

〈고자장구〉 상편 중에서

세상에는 하늘이 내린 벼슬과 사람이 만든 벼슬이 있다. 인애(仁愛), 신의(信義), 충성(忠誠), 선행(善行)을 게을리하지 않는 것은 바로 하늘이 내리는 벼슬의 기준이 된다. 직함, 직급 등은 사람이 만든 벼슬이다. 따라서 하늘이 내리는 벼슬을 수양하는 데 힘을 쓰다 보면 사람이 내린 벼슬도 따라오게 되어 있다.

하지만 지금의 작태는 정반대로 흘러가고 있다. 자신의 목적이 단지 지위를 높이는 데 있다면 이런 '인작(人爵, 사람이 정한 벼슬)'을 얻고 난 후 도리어 특권의식을 좇고 나아가 탐욕과 부패에 물들게 된다.

올바른 길은 먼저 '천작(天爵, 하늘이 정한 벼슬)'을 수양하는 데 힘을 쏟는 것이다. 자신의 덕(德)과 지(智)의 경지를 끌어올린다면 다른 속세의 일도 자연히 따라올 수밖에 없다.

기준을 높이면 수련의 경지도 더 높아진다

구 가 이 불 귀　 오 지 기 비 유 야
久假而不歸, 惡知其非有也?

오래도록 빌려 쓰고도 돌려보내지 않으니, 그것이(그런 품행과 덕망이) 자신의 것이 아니라고 어찌 알겠는가?

〈진심장구〉 상편 중에서

어떤 사람은 도덕과 수련의 경지가 충분하지 않은데도 더 높은 기준에 자신을 맞추고자 노력한다.

이것은 더 높은 도덕과 수련의 경지를 빌려 와 쓰는 것과 도 같다. 빌려서 사용하는 시간이 길어질수록 그것의 장 점을 직접 체득하고 깨우치게 되니, 가차(假借, 가짜로 빌 리다)가 자기 것이 되고, 그에 걸맞은 품행, 덕망과 자질 로 바뀔 수 있다.

그것이 계속되면 군자가 된다.

역사로부터 도움을 받아라

기 의 즉 구 절 취 지 의
其義則丘竊取之矣.

그 의로움, 곧 구가 몰래 그것을 취했다(그 사관 기록의 의로움을 내가 몰래 취해 《춘추》
에 적었다).

〈이루장구〉 하편 중에서

역사적 경험은 주목할 가치가 충분하다. 역사적 의미
는 명확해야 하고 독자에게도 분석과 사고의 여지를 남
겨야 한다. 그래서 '몰래 그 의로움을 취했다'라는 말은
티 내지 않고 좋고 나쁨을 평가했다는 뜻으로, 함축된 그
말 속에 유가 경전의 요지를 밝혔다고 할 수 있다.

누구나 옛사람이 남긴 책을 통해 귀한 경험을 얻고 인생
에 도움을 받을 수 있다. 이것이 바로 책의 가치이기도
하다.

경험에서 오는 깨달음

人恒過, 然後能改.
<small>인 항 과　 연 후 능 개</small>

困於心, 衡於慮, 而後作.
<small>곤 어 심　 형 어 려　 이 후 작</small>

徵於色, 發於聲, 而後喩.
<small>징 어 색　 발 어 성　 이 후 유</small>

사람은 늘 잘못을 저지르고 나서야 고칠 수 있고, 곤경에 빠져 마음고생을 해봐야
아픈 만큼 성장하고, 자신의 용모와 표정을 표현하고 자기 생각을 말해야 비로소
타인과 소통할 수 있다.

〈고자장구〉 하편 중에서

사람은 늘 잘못을 저지르고 나서야 고칠 수 있고, 곤경
에 빠져 마음고생을 해봐야 아픈 만큼 성장한다. 또한, 자
신의 용모와 표정을 표현하고 자기 생각을 말해야 비로소
다른 사람과 소통할 수 있다.

어떤 방면으로 발전하기를 원한다면 그것과 관련된 경
험이 있어야 하고, 그 경험 속에서 깨달음을 얻어야 한다.

지혜를 이용하는 데 능해야 한다

匹夫之勇, 敵一人者也.
필부지용 적일인자야

필부의 분노는 한 사람만 대적할 수 있는 분노다.

〈양혜왕장구〉 하편 중에서

지혜로 용맹함을 제압하고, 용맹함으로 지혜를 고무
시키고, 용맹과 지혜를 모두 겸비하는 것이야말로 사람
들의 이상적인 바람이다. 호전적인 필부의 용기는 오로
지 한 사람만 대적할 수 있으며, 자신에게 상처만 줄 뿐
이다. 지혜를 이용하는 데 능해야 비로소 더 큰 그림을
그릴 수 있다.

인식을 실천으로 변화시켜라

山徑之蹊, 間介然用之而成路.
<small>산 경 지 혜　 간 개 연 용 지 이 성 로</small>

爲間不用, 則茅塞之矣.
<small>위 간 불 용　 즉 모 새 지 의</small>

今茅塞子之心矣.
<small>금 모 새 어 지 심 의</small>

산비탈의 좁은 샛길도 꾸준히 오가다 보면 넓은 길이 되지만, 잠시만 이용하지 않아도 잡초로 길이 막히고 마니, 지금 잡초가 자네의 마음을 꽉 가로막고 있구나.

〈진심장구〉 하편 중에서

단지 좋은 인성, 양심, 양지, 양능만으로는 부족하다. 관건은 당신 자신이 후천적으로 어떤 노력을 하는지, 어떤 길을 가는지에 달려 있다.

이런 견해는 성선설(性善說, 인간의 성품은 본래부터 선하다는 맹자의 학설)을 이용해 중생을 고무시키고, 이와 더불어 인식을 실천으로 바꾸는 책임과 역량을 강조하고 있다.

스승은 안내자일 뿐, 수련은 각자의 몫이다

梓匠輪輿能與人規矩, 不能使人巧.
재 장 륜 여 능 여 인 규 구 　 불 능 사 인 교

목수와 수레를 만드는 이가 곱자와 그림쇠를 제공할 수는 있어도, 그것을 정교하게 사용하는 뛰어난 솜씨를 건네줄 수는 없다.

〈진심장구〉 하편 중에서

목수와 수레를 만드는 이가 곱자와 그림쇠를 제공할 수는 있어도, 그것을 정교하게 사용하는 뛰어난 그의 솜씨는 주고자 한다고 줄 수 있는 것이 아니다.

기계의 제조와 사용 규칙을 바탕으로 능력을 키우고, 상상력·추리력·계산력·창의력·실험정신을 결합해 정교하고 깊이 있는 기술로 발전시켜야 한다. 이를 위해서는 천부적 재능과 더불어 그 분야의 전문 지식 그리고 뛰어난 기교의 연마와 순발력이 뒷받침되어야 한다.

四章

합리적으로 의사결정을 한다

뜻은 반드시 높고 원대해야 한다

士何事? 尚志.
<small>사 하 사　　상 지</small>

"선비는 무엇을 자신의 임무로 생각해야 합니까?"

"자기 뜻을 높이는 일을 하여야 한다."

〈진심장구〉 상편 중에서

사업을 하고자 하는 사람은 무엇을 최우선 임무로 삼아야 할까? 당연히 자신의 목표를 높게 잡고 원대한 꿈과 비전을 세우는 것이다.

지향하는 바가 없는 사람은 아무리 노력한들 일시적인 성공을 거두는 데 그칠 뿐이다. 또한, 지향하는 바가 비교적 낮은 사람은 설사 좋은 기회를 만났다 해도 자신의 짧은 안목 때문에 좋은 기회를 놓칠 수 있다.

그래서 우리는 뜻을 높고 먼 곳에 두도록 가르침을 준 성현의 말씀에 귀를 기울일 필요가 있다.

진취적인 마음을 유지하라

_{궁 즉 독 선 기 신}　　_{달 즉 겸 선 천 하}
窮則獨善其身, 達則兼善天下.

궁색해지면 홀로 자기 수양에 힘쓰고, 뜻을 이루었을 때는 천하를 선하게 한다.

〈진심장구〉 상편 중에서

　가난해서 어쩔 수 없을 때는 최소한 자신을 돌보며 수양에 힘써야 하고, 뜻을 이룬 후에는 가능한 한 많은 사람을 위해 선을 펼쳐야 한다.

　순경(順境, 순탄한 환경)에 처하든 역경에 처하든 진취적인 마음을 가져야 한다. 이 말은 지극히 적극적인 마음가짐을 담고 있는데, 우리가 말하는 명철보신(明哲保身, 똑똑하고 사리에 밝아 매사 요령 있게 처신하고 자신의 몸을 잘 보전한다)과 큰 차이가 있다.

끝까지 밀고 나아가는 추진력을 유지하라

<ruby>於不可已而已者<rt>어 불 가 이 이 이 자</rt></ruby>, <ruby>無所不已<rt>무 소 불 이</rt></ruby>,

<ruby>於所厚者薄<rt>어 소 후 자 박</rt></ruby>, <ruby>無所不薄也<rt>무 소 불 박 야</rt></ruby>,

<ruby>其進銳者<rt>기 진 예 자</rt></ruby>, <ruby>其退速<rt>기 퇴 속</rt></ruby>.

끝내지 말아야 할 지점에서 끝내며 자신의 노력을 수포로 돌리는 사람은 무슨 일을 해도 포기가 빠르다. 후하게 대접하고 중시해야 하는 사람을 푸대접하고 경시하는 사람은 어떤 사람을 만나도 홀대하고, 어떤 일을 해도 소홀하다. 앞으로 나아감이 빠른 사람은 뒤로 물러남도 빠르다.

〈진심장구〉 상편 중에서

구십 리를 걷고 난 후에도 계속 걸어간다면 머지않아 고지에 오를 수 있다. 반면에 구십 리를 걷고 난 후 걷기를 포기하면 어떻게 될까? 그것은 한 걸음도 걷지 않은 것과 같고, 지금까지의 모든 노력을 물거품으로 만든다. 그러므로 무슨 일을 하든 끝까지 계속 밀고 나아가는 추진력의 끈을 놓아서는 절대 안 된다.

의지가 굳건해야 목표를 향해
곧장 나아갈 수 있다

居天下之廣居, 立天下之正位, 行天下之大道.
得志, 與民由之. 不得志, 獨行其道.
富貴不能淫, 貧賤不能移, 威武不能屈, 此之謂大丈夫.

천하를 자신의 보금자리로 삼고, 천하의 올바른 입장에 서서 천하가 인정하는 대도를 펼쳐야 한다. 뜻을 이뤘다면 백성들과 그 길을 걸어가고, 뜻을 이루지 못했다면 홀로 그 길을 걸어간다. 부귀해져도 마음이 흔들리지 않고, 빈천해져도 의지가 동요하는 법이 없으며, 위세와 폭력 앞에서도 지조를 굽혀서는 안 된다. 이래야만 비로소 대장부라 할 수 있다.

〈등문공장구〉 하편 중에서

어떤 사람을 대장부라고 부를 수 있을까? 그것은 성별, 나이, 신분의 구분 없이 고귀한 도덕과 품성에 따라 결정된다. 이런 품성을 가진 사람이 하는 모든 행동은 정도와 맞아떨어지고, 돈과 지위로 그를 미혹하거나 부패하게 만들 수 없다. 가난 역시 그의 뜻을 꺾지 못하며, 권세와 무력도 그를 굴복시킬 수 없다.

이런 사람만이 흔들림 없이 목표를 향해 매진할 수 있다.

용기를 키워라

不爲也, 非不能也.
불 위 야   비 불 능 야

하지 않는 것이지, 할 수 없는 것이 아니다.

〈양혜왕장구〉 상편 중에서

살다 보면 보기만 해도 두려워지는 일이 참 많다. '산에 호랑이가 있는 줄 뻔히 알면서도 그 산으로 가는' 용기를 내기란 말처럼 쉽지 않으니, 용기가 부족한 사람들은 어려운 문제에 직면했을 때 그저 한숨만 내쉴 뿐이다.

사실 사람들은 못하는 게 아니라 용기가 없어 감히 시도조차 안 하는 경우가 더 많다. 그래서 충분히 해낼 수 있는 많은 일이 고작 자신의 나약한 의지 때문에 불가능한 일이 되어버리고 만다.

모든 것을 희생할 각오가 되어 있어야 한다

지 사 불 망 재 구 학   용 사 불 망 상 기 원
志士不忘在溝壑, 勇士不忘喪其元.

큰 뜻을 품은 선비는 도랑이나 구렁텅이에 몸이 버려지는 것을 두려워하지 않고, 용감한 선비는 목이 달아나는 것조차 두려워하지 않는다.

〈등문공장구〉 하편 중에서

큰 뜻을 품은 사람, 용기 있는 사람, 책임을 질 줄 아는 사람은 자신이 원하는 바를 이루기 위해 모든 것을 희생하고 심지어 목숨마저도 버릴 각오가 되어 있다.

쉽게 성공을 거둘 수 있는 사람은 아무도 없으며, 어떤 각오를 하느냐에 따라 성공으로 향하는 동력이 달라진다. 성공을 원한다면 목표에 도달하기 위해 무엇을 지불하고 희생할 수 있는지 자신에게 먼저 물어봐야 한다.

노력하지 않은 채
노력한 보람이 없다고 말하지 말라

今之爲仁者, 猶以一杯水救一車薪之火也.
불 식 즉 위 지 수 불 승 화
不熄, 則謂之水不勝火.

오늘날 인과 의를 행하는 사람은 한 잔의 물로 땔감을 가득 실은 수레의 불을 끄려 해놓고, 불을 끄는 데 실패했으니 물로는 불을 끌 수 없다고 말한다.

〈고자장구〉 상편 중에서

어떤 사람들은 고작 한 잔의 물로 땔감을 가득 실은 수레의 불을 끄려 해놓고, 불을 끄는 데 실패했으니 물로는 불을 끌 수 없다고 말한다.

사실 그것은 단지 높은 난도의 다른 요소의 간섭 혹은 노력의 부족 때문에 만들어진 결과다.

여기서 우리는 노력의 유효성 여부를 떠나 노력조차 하지 않으면서 이런 판단을 하는 어리석은 생각부터 경계해야 한다.

노력의 방향을 제대로 잡아라

以若所爲求若所欲, 猶緣木而求魚也.
<small>이 약 소 위 구 약 소 욕　유 연 목 이 구 어 야</small>

그러한 방법으로 원하는 바를 구하고자 한다면 그것은 마치 나무에 올라 물고기를 잡으려 하는 것과 같나이다!

〈양혜왕장구〉 상편 중에서

'연목구어(緣木求魚)'는 나무에 올라가 물고기를 구한다는 성어로, 방향이나 방법이 맞지 않아 목적한 바를 이룰 수 없다는 것을 의미한다.

나무에 올라 물고기를 잡으려 한다면 당연히 그 뜻을 이룰 수 없겠지만 다른 재앙을 초래하지는 않는다. 하지만 노력의 방향을 잘못 잡으면 애를 쓸수록 도리어 화를 초래할 수 있다. 노력의 방향이 틀리면 늘 부정적인 결과를 낳기 때문이다.

성공의 길은 자유롭고 다양하다

혹 노 심 혹 노 력
或勞心, 或勞力.

노 심 자 치 인 노 력 자 치 어 인
勞心者治人, 勞力者治於人.

어떤 사람은 마음을 수고롭게 하고, 어떤 사람은 몸을 수고롭게 한다. 마음을 수
고롭게 하는 자는 사람을 다스리고, 몸을 수고롭게 하는 자는 사람의 다스림을 받
는다.

〈등문공장구〉 상편 중에서

'마음을 수고롭게 하는 자는 사람을 다스리고, 몸을 수
고롭게 하는 자는 사람의 다스림을 받는다.'

이 말은 솔직하고 합리적이지만 듣기에 거슬리는 면도
있다. 그것은 민주 · 평등 · 자유 · 노력으로 운명을 바꾸
는, 즉 자신의 운명을 스스로 개척하는 관념에 위배되기
때문이다. 그러나 사회는 분업이 이루어져야 하고, 사회
가 발전할수록 그 추세는 더 강해질 것이다. 설사 분업이
유감스러운 상황을 동반한다고 해도 그 추세는 막을 수
없다.

사람들은 공평한 사회를 추구하고, 분업이 분열과 대항

으로 이어지는 것을 원하지 않는다. 그래서 그들은 전면 적이고도 자유로운 발전의 개념을 제시했다. 그것은 바로 '어떤 사람은 마음을 수고롭게 하고, 어떤 사람은 몸을 수고롭게 한다'는 사고의 제약을 받지 않은 채 자유롭고 다양한 경로를 거쳐 성공의 길을 향해 나아가는 것이다.

직업 선택은 신중해야 한다

술 불 가 불 신 야
術不可不愼也.

직업을 선택할 때는 신중하게 생각하지 않을 수 없다.

〈공손추장구〉 상편 중에서

한사람의 성격은 주로 후천적인 영향을 받고, 그중에서도 업종과 업무 환경은 중요한 요소로 작용한다. 물론 누구나 다양한 직업을 선택할 자유가 있다. 하지만 우리의 몸에는 과거에 몸담았던 직업이 남긴 기억의 흔적이 남아 있게 마련이고, 때로는 그것이 평생 영향을 미치기도 한다.

직업의 선택이 도덕적 기준을 낮추는 대가로 이루어지는 거라면 끔찍한 결과를 초래할 수 있으니, 절대 그 길에 발을 들여놓지 않아야 한다. 이런 이유로 직업을 선택할 때 책임감을 느끼고 신중해야 한다. 또한 불인지심(不忍之心, 차마 하지 못하는 마음)을 키워 의식적이든 무의식이든 타인을 해치는 동기가 마음속에서 싹트는 것을 막

아야 한다.

한마디로 직업의 선택은 아무리 신중히 처리해도 모자라지 않으며, 이는 예나 지금이나 변함없는 진리다.

정도를 걸어야 더 빨리 성공할 수 있다

夫道若大路然, 豈難知哉?

人病不求耳?

정도는 큰길과 같으니 어찌 파악하기 어렵겠습니까? 다만 사람들이 그 도를 구하지 않는 것을 근심할 뿐입니다.

〈고자장구〉 하편 중에서

공명정대하고 넓고 평탄한 길은 장애물조차 없이 순탄하므로 이런 길을 걷는 것만으로도 더 빨리 목적지에 도착할 수 있다. 이것은 지극히 간단한 이치다. 다만 주변 환경 속 곳곳에 숨어 있는 악마의 유혹이 사람들을 그 길에서 멀어지게 할 뿐이다.

정도를 걷고자 하고, 그 길에서 최선의 노력을 한다면 반드시 성공을 거둘 수 있다. 반면에 정도를 걷지 않으면 성공할 도리가 없다. 그들은 할 수 없는 것이 아니라 최선의 노력을 다하는 시도조차 하지 않기 때문이다.

노력과 방법의 결합

由射於百步之外也, 其至,

爾力也, 其中, 非爾力也.

백 걸음 밖에서 활을 쏠 수 있다면 힘이 있기 때문이고, 명중시켰다면 단지 힘만으로 이룬 성과가 아니다.

〈만장장구〉 하편 중에서

화살을 백 걸음 밖에서 쏠 수 있다면 그럴 만한 힘이 있기 때문이고, 화살을 쏴서 명중시켰다면 힘뿐만 아니라 정확도 역시 받쳐주었다고 볼 수 있다.

힘은 흡사 노력과도 같다. 성실한 노력이 없다면 활을 벗어난 화살이 목표지점까지 날아가지 못한 채 중도에 떨어질 수 있다. 정확도는 방법이라고도 말할 수 있다. 실행 가능한 방법을 찾지 못하면 화살이 아무리 멀리 날아간들 과녁의 중심을 맞출 수 없다.

진정으로 성공한 사람은 노력과 방법을 결합해 과녁의 중심을 명중시킬 줄 아는 능력의 소유자다.

작은 목표와 큰 목표를 명확히 구분하라

仕非爲貧也, 而有時乎爲貧.

단지 가난을 벗어나기 위해 관리가 되는 것은 결코 아니지만, 때로는 가난을 벗어나기 위해 관리가 되기도 한다.

〈만장장구〉 하편 중에서

녹봉을 받아 가난에서 벗어나기 위해 관리가 되고자 하는 것은 저급하고 사소한 목표다. 하지만 이것 역시 목표를 구성하는 아주 작은 부분이다. 다만 이것이 목표의 핵심 혹은 전체가 되어서는 안 된다. 다시 말해서 어쩔 수 없이 허용하는 이런 사소한 부분이 최종적으로 추구하는 목표가 될 수 없다는 것이다.

이런 상황을 막기 위해 큰 것과 작은 것, 높은 것과 낮은 것, 공적인 것과 사적인 것, 주된 것과 부차적인 것을 적절히 배분해야 한다. 이것은 루쉰(魯迅)이 즐겨 인용했던 말과도 일맥상통한다. 매는 닭처럼 낮게 날 수 있어도, 닭은 절대 매처럼 높게 날 수 없기 때문이다.

공통점을 찾아내라

고 범 동 류 자　　거 상 사 야
故凡同類者, 擧相似也.

같은 종류의 사물은 전체적으로 보면 서로 비슷하다.

〈고자장구〉 상편 중에서

사물은 수천수만 번 변하지만 항상 유사성이 있고, 같
은 종류의 사물일수록 더욱 그러하다.

문제를 해결할 때 그 공통점을 인식할 수 있다면 하나를
들어 열을 유추해내 순리적 접근을 할 수 있다.

그렇게 하지 못하면 핵심에서 벗어나기 쉽고, 시간과 노
력을 들인 것에 비해 형편없는 결과를 낳을 수밖에 없다.

급선무부터 해결하라

지 자 무 불 지 야　당 무 지 위 급
知者無不知也, 當務之爲急.

아무리 현명한 사람일지라도 모든 일에 다 신경을 쓸 수 없으니 가장 먼저 처리해야 할 일이 무엇인지부터 알아야 한다.

〈진심장구〉 상편 중에서

모든 방면으로 해박한 지식을 쌓는 것도 필요하지만, 지혜로운 사람이라면 당면한 임무와 관련된 지식을 우선순위에 둘 줄 알아야 한다. 이것은 '인의예지'의 보편적이고 광범위하며 절대적인 면을 인정하고, 각종 불변성 논리의 구체성 · 상대성과 대소 · 경중 · 완급 · 강목(綱目, 대강과 세목)의 차별성을 중시하는 것이기도 하다.

모든 일은 시간, 장소, 조건은 물론 그 일을 처리하는 주체의 신분, 처지, 특징을 떠나 논할 수 없다. 이런 것을 무시한 상태에서 일의 크기, 경중, 완급을 따지는 것 자체가 이치에 맞지 않는다.

복잡한 과정을 거쳐 간단한 결과로 만들어내라

博^박學^학而^이詳^상說^설之^지, 將^장以^이反^반說^설約^약也^야.

폭넓게 지식을 배우고 쌓아 올리며 상세하게 그 이치를 파고드는 것은, 나중에 돌이켜보며 간략하게 설명하기 위해서다.

〈이루장구〉 하편 중에서

오늘날 지식의 발전 단계가 갈수록 복잡해지고 있다. 그렇지만 새로운 문화적 성과의 특징은 그것을 간단명료하고 편리하며 실용적으로 바꿀 수 있어야 한다.

네트워크의 설계와 개선은 광범위한 지식과 전문성이 뒷받침되어야 한다. 그런데 그런 복잡한 과정을 거쳐 실제로 인터넷을 사용할 때는 기존의 복잡했던 임무, 즉 조사·검증·탐색·계산·복제·수정·보완 등이 클릭 한 번으로 해결될 만큼 단순해진다.

가장 복잡하고 힘든 과정을 수행하는 목표는 이제까지 없었던 가장 간결하고 쉬운 결과를 만들어내는 데 있다. 과학 영역뿐 아니라 인간의 수행 역시 다르지 않다. 정치를 논하거나 중용을 구할 때는 더욱 그러하다.

간단한 일을 복잡하게 만들지 말라

도 재 이 이 구 제 원　　사 재 역 이 구 제 난
道在邇而求諸遠, 事在易而求諸難.

도가 가까운 곳에 있는데도 멀리서 구하려 하고, 일을 쉽게 해결할 수 있는데도 굳이 어려운 데서 그 답을 구하려고 한다.

〈이루장구〉 상편 중에서

가까운 곳에 있는 것을 버리고 먼 곳에 있는 것을 구하거나, 쉬운 길을 놔두고 어려운 길을 택하는 것은 인간이 범하기 쉬운 실수 중 하나다. 이는 성악설(性惡說, 인간의 성품은 본래부터 악하다는 순자의 학설)에 근거한다. 여기서 가리키는 것은 주로 사회 발전 과정에서 우리가 흔히 하는 실수, 즉 탐욕·비교·시기·사기·투기·요행 등이다. 사람은 늘 탐욕에 급급하고 적당한 선에서 멈추려 들지 않는 특징을 가지고 있다. '쉽게' 할 수 있는 일을 복잡하고 어렵게 만드는 이유는 무엇일까? 그것은 '쉽다'보다 '어렵다'를 더 믿고, 과학과 상식을 존중하지 않은 채 객관적 규율과 맞섬으로써 단번에 최고의 경지에 오르거나 신분 상승을 하고자 하기 때문이다.

유리한 요소를 모두 이용하라

득 도 자 다 조　실 도 자 과 조
得道者多助, 失道者寡助.

도를 가지고 있으면 다방면으로 많은 것을 얻을 수 있고, 인의와 도를 잃으면 아무것도 얻을 수 없다.

〈공손추장구〉 하편 중에서

여기서 말하는 '도(道)'를 정의, 이치로 이해하거나 지름길, 방법으로 보아도 무방하다.

명분을 가지고 출병하면 정정당당해지니, 자연히 도의상 더 많은 지지를 얻을 수 있다. 지름길을 잘 알고 방법을 찾아내도 적은 노력으로 많은 성과를 거둘 수 있다.

요컨대 한 가지 일을 더 순조롭게 해내고 싶다면 가능한 한 모든 유리한 요소를 활용해 더 많은 도움을 끌어내고, 자신을 '득도자(得道者, 인의의 길을 걷는 사람)'로 만들어야 한다.

환경을 활용하고 창조하는 법을 터득하라

일 제 인 부 지　　중 초 인 휴 지
一齊人傳之, 衆楚人咻之,

수 일 달 이 구 기 제 야　　불 가 득 의
隨日撻而求其齊也, 不可得矣.

제나라 사람을 초빙해서 그에게 제나라 말을 가르치게 했지만, 주변은 온통 초나라 사람이고 초나라 말로 떠들썩하다. 그러니 당신이 매일 회초리로 때려가며 그에게 제나라 말을 습득하라고 강요한들 그러기 쉽지 않을 것이다.

〈등문공장구〉하편 중에서

스승이 제나라 말을 가르치는데 주변 사람이 모두 초나라 말을 한다면 역효과가 날 수밖에 없다. 이처럼 모든 일은 환경의 영향을 받을 수밖에 없고, 환경이 받쳐주지 않으면 좋은 성과를 거두기 힘들다.

어떤 환경 속에서는 특정한 주장, 신념, 주관적 노력이 좋은 성과를 내고 나아가 세상을 바꿀 수도 있다. 하지만 환경이 바뀌면 그런 주관적 노력은 강력한 저항에 부딪혀 자기 색을 잃은 채 부화뇌동할 수밖에 없다. 우리는 이런 환경적 요인을 중시하고, 환경을 이용하는 법을 배워야 할 뿐 아니라 좋은 환경을 만들어내는 법도 알아야 한다.

집중력과 인내심을 키워라

수 유 천 하 이 생 지 물 야　　일 일 폭 지
雖有天下易生之物也, 一日暴之,

십 일 한 지　　미 유 능 생 자 야
十日寒之, 未有能生者也.

세상 천하에 쉽게 잘 자라는 초목일지라도 하루 동안 햇볕을 쬐고 열흘 동안 추위 속에 내버려둔다면 제대로 성장할 수 없다.

〈고자장구〉 상편 중에서

　'일폭십한(一曝十寒)'은 초목을 기를 때 하루만 볕을 쬐고 열흘을 추위에 놔둔다는 뜻이다. 이 말은 타성, 해이함, 소홀함, 게으름에 젖어 일을 꾸준히 하지 못하는 사람을 비유할 때 주로 사용한다. 아무리 쉽게 잘 자라는 초목도 하루 동안 햇볕을 쬐고, 열흘 동안 추위에 놔두면 제대로 성장할 수 없다.

　흔히들 천재의 남다른 점을 말할 때 그들의 근면, 노력, 땀 등을 강조한다. 하지만 그들을 남다르게 만든 더 중요한 핵심은 바로 그들만이 가진 집중력과 인내심이다.

내실을 다지며 착실히 목표를 향해 나아가라

일월유명 용광필조언
日月有明, 容光必照焉.

유수지위물야 불영과불행
流水之爲物也, 不盈科不行.

군자지지어도야 불성장불달
君子之志於道也, 不成章不達.

해와 달이 밝으면 작은 틈새조차 남김없이 비춘다. 흐르는 물의 속성은 웅덩이를
채우지 않으면 더는 앞으로 흘러갈 수 없다. 군자가 큰 도를 따르고자 뜻을 품었더
라도 수양을 쌓아 올리지 않으면 성인의 경지에 이를 수 없다.

〈진심장구〉 상편 중에서

해와 달의 밝은 빛은 그것을 담을 수 있는 곳이라면 작
은 틈새라도 남김없이 파고 들어가고, 흐르는 물은 모든
웅덩이를 채우고 나서야 흘러갈 수 있다.

마찬가지로 학문을 하거나 도에 뜻을 두었을 때도 대충
해서는 안 되며 순서에 따라 착실하게 한 걸음씩 나아가
야 한다.

끝을 잘 마무리하라

유위자비약굴정 굴정구인이불급천
有爲者闢若掘井, 掘井九軔而不及泉,

유위기정야
猶爲棄井也.

한 가지 일을 하는 것은 마치 우물을 파는 것과 같아서 아무리 깊이 팠다 해도 샘물이 나오는 곳까지 미치지 못하면 그 우물을 아예 파지 않은 것과 다르지 않다.

〈진심장구〉 상편 중에서

시작을 잘한 이후, 무언가 현실적인 문제에 부딪히면 처음 가지고 있던 순수하고 아름다운 이상은 점점 변질된다. 그러다 보면 제대로 된 끝을 맺기가 힘들어진다. 이런 점에서 시작하기보다 끝마무리가 더 어렵다고 하겠다.

하나의 수맥을 찾아내는 일보다 그것을 깊이 파내 우물을 만들고 샘물이 계속 차오르도록 하는 게 훨씬 더 중요하다.

五章

교만과 조급증을 경계한다

내면을 잘 지켜라

구 무 항 심　방 벽 사 이　무 불 위 이
苟無恆心, 放辟邪移, 無不爲已.

항심이 없으면 방탕하고 편벽하며 제멋대로가 되니 못하는 짓이 없게 된다.

〈등문공장구〉 상편 중에서

'항심(恒心)', 즉 변함없이 한결같은 마음은 흔들림 없이 고정된 도덕관념을 가리킨다.

도덕관념이 흔들리거나 심지어 없다면 방탕하고 편벽하며 법률과 기강을 외면한 채 제멋대로 행동하게 된다.

정직하고 진실한 사람이 되려면 도덕관념으로 무장해야 한다. 그것으로 자신의 내면을 지키고 외부의 모든 유혹을 막아내야 한다.

순경은 더 큰 시련이다

부 지 이 한 위 지 가　여 기 자 시 감 연　즉 과 인 원 의

한나라와 위나라의 큰 가문의 부를 그에게 보태주었는데도 그가 여전히 겸허하고 신중하다면 그의 인품은 보통 사람을 훨씬 뛰어넘은 것이다.

〈진심장구〉 상편 중에서

거액의 재산을 어떤 사람에게 보태주었는데도 그가 여전히 겸허하고 신중하다면 그의 인품이 보통 사람보다 훨씬 뛰어난 것이다. 역경(逆境)이 시련이라면, 순경(順境)은 더 큰 시련이다.

출세하여 부자가 되고, 세계적으로 명예를 얻을수록 마치 저주에 걸린 것처럼 그걸 지속하기 어려워진다. 부귀영화와 명예가 인간의 옹졸한 마음을 끄집어내기 때문이다.

장자(莊子)의 '허실생백(虛室生白)' 역시 이런 의미를 담고 있다. 방을 비우면 빛이 그 틈새로 들어와 환해지듯 잡념이 없으면 진리에 도달하기 더 쉬워진다. 순경 속에서 마음을 비우지 못하니 잡념이 많아지고 결국 한 걸음도 제대로 떼지 못한 채 난항을 겪는다.

포부를 크게 가지고 시야를 넓혀라

관 어 해 자 난 위 수
觀於海者難爲水,

유 어 성 인 지 문 자 난 위 언
遊於聖人之門者難爲言.

드넓은 바다를 본 사람에게 작은 연못의 물이 눈에 들어올 리 없고, 성인 문하에서
공부해본 사람은 다른 잡설에 마음을 기울이지 않는다.

〈진심장구〉 상편 중에서

바다를 본 적 있는 사람은 작은 연못의 물에 눈을 돌리지 않는다. 성인의 문하에서 공부해본 사람은 다른 잡설에 마음을 기울이지 않는다.

마음을 넓히고 경계를 승화하면 안목이 높아지고 시야도 넓어지기 때문이다.

산에 오르려면 높은 산에 올라야 하고, 물을 보려면 바닷물을 보아야 하고, 학문을 하려면 성인의 문하에 들어가야 하고, 무슨 일을 하려면 극치에 이르도록 애써야 한다. 이것이 바로 가슴을 펴고 경계를 승화하는 이치다.

욕망을 줄이고 마음을 수양하라

양 심 막 선 어 과 욕
養心莫善於寡慾.

마음을 수양하기 위해 자신의 욕망을 줄이는 것보다 더 중요한 일은 없다.

〈진심장구〉 하편 중에서

자신의 욕망을 줄일 수 있다면 본심의 선성(善性, 선한 성질)을 다소 상실해도 크게 문제 되지 않는다.

동양철학, 처세학, 양생학은 모두 청정무위(淸靜無爲, 모든 것을 자연에 맡기며 인위적으로 행함이 없다)를 최우선으로 한다. 또한, 일종의 뺄셈 철학이 필요하다. 무엇을 해야 하는지보다 무엇을 하지 말아야 할지를 먼저 생각하고, 무엇을 얻고자 하면 무엇을 얻을 수 없고 혹은 얻어서는 안 되는지 먼저 고려해야 한다. 이런 사고의 장점은 간단 명료하고 생각의 균형을 높일 수 있다. 반면에 단점은 추진력, 상상력, 모험심이 줄어들게 된다.

마음을 수양하기 위한 관건은 자기중심적 감정, 심리 상태, 정신 균형, 나아가 정신 승리에 있다.

혹독한 비난을 감수하라

유 불 우 지 예   유 구 전 지 훼
有不虞之譽, 有求全之毀.

때로는 예상치 못한 칭찬과 명예를 얻기도 하고, 때로는 온전함을 구하려다 도리어 가혹한 비방과 공격을 당하기도 한다.

〈이루장구〉 상편 중에서

때로는 예상치 못한 칭찬과 명예를 얻기도 하고, 때로는 온전함을 구하려다 도리어 가혹한 비방과 공격을 당하기도 한다.

이런 경우에 자신의 가치관과 신념을 지키고, 타인의 말에 너무 신경 쓰지 말아야 한다. 타인을 알아가는 과정은 원래 쉬운 일이 아니기 때문이다.

특히 주목받는 사회적 인사는 예상치 못한 일을 겪거나 온전함을 구하려다 오랜 기간 혹은 평생토록 비방을 받거나 명예가 실추되기도 한다. 심지어 그들에 대한 논쟁은 그들이 죽은 뒤에도 몇백 년 혹은 몇천 년 동안 이어질 수도 있다.

아일랜드의 유명 작가이자 《율리시스(Ulysses)》의 저자

인 제임스 조이스(James Augustine Aloysius Joyce)는 말했다.
"이 세상에 살아가는 나만의 세 가지 방법은 바로 침묵,
도피 그리고 잔꾀를 부리는 거라고 할 수 있다."

형세를 따르고 추세에 편승하라

雖有智慧, 不如乘勢.

설사 지혜가 있다 해도 운세를 타고나느니만 못하다.

〈공손추장구〉 상편 중에서

설령 지혜가 있다 해도 좋은 시기, 좋은 운세를 타고나느니만 못하다. 물론 시기를 잘 포착하고 제때 그 기회를 잡을 수 있는 것도 최고의 지혜라고 할 수 있다. 다만 다른 사람의 눈에 비친 당신은 그저 운 좋은 사람에 불과할 수도 있다.

사람은 추세를 따라야 하고 형세에도 밝아야 한다. 우연 속에서 새로운 필연을 발견하고 그것을 추진할 줄도 알아야 한다. 추세를 잘 타고 올라가기만 하면 하나하나 성공을 거둘 수 있다.

교만과 자만을 버려야 한다

공 자 불 모 인   검 자 불 탈 인
恭者不侮人, 儉者不奪人.

공손한 사람은 남을 업신여기지 않고, 검소한 사람은 남의 것을 빼앗지 않는다.

〈이루장구〉 상편 중에서

공손한 사람은 남을 모욕하지 않고, 검소한 사람은 남의 것을 빼앗지 않는다. 여기서 말하는 '검(儉)'은 물질적으로 사치와 낭비를 하지 않는 것뿐 아니라 정신적인 겸손과 자제, 신중한 일 처리, 내실이 꽉 찬 됨됨이를 의미한다.

사전적으로 '검'은 절약, 검소, 겸손, 풍족하지 않다는 뜻으로 풀이된다.

요컨대 '검'은 바로 교만을 반대하고 자만을 버리는 것이다.

'적 없음'이 공훈과 성공을
의미하는 것은 아니다

인 자 무 적
仁者無敵.

인의를 행하는 사람에게는 적이 없다.

〈양혜왕장구〉 상편 중에서

인은 추대를 받고, 폭력은 두려움을 낳는다. 폭력과 공포로 만들어낸 통치체계는 민중을 쉽게 제압할 수 있을지 모르지만, 무너지는 것도 순식간이다.

하지만 우리는 폭력이 자행하는 힘을 인정하지 않을 수 없다. 강력하고 야만적인 폭력으로 무장한 세력이 온화하고 유순한 세력을 점령하고 더 나아가 그들을 소멸시키는 사례는 동서고금을 막론하고 셀 수 없이 넘쳐난다. 인의를 행하는 사람에게 적이 없다는 것이 공훈과 업적 혹은 성공을 의미하는 건 아니다. 여기서 적이 없다는 건 바로 인의를 행하는 사람이어야 비로소 민심의 추대를 얻을 수 있음을 가리킨다.

안하무인의 근원은 무지다

順天者存, 逆天者亡.
순 천 자 존   역 천 자 망

자연의 법칙을 따르면 오래도록 살아남고, 자연의 법칙을 거스르면 파멸을 면하기
어렵다.

〈이루장구〉 상편 중에서

자연의 발전법칙을 따르면 오래도록 살아남고, 그렇
지 않으면 죽어 없어질 수밖에 없다. 규칙을 어긴 채 하
늘을 거스르고도 성공을 거둘 수 있는 사람이란 없다.
규율에 순응하려면 먼저 규율을 배우고, 온전히 자기 것
으로 만들어야 한다. 안하무인으로 구는 사람이 실패하
는 이유는 바로 그의 근원이 무지하기 때문이다.

현실에 안주하지 말고 더 큰 이상을 추구하라

我不意子學古之道而以啜也.
_{아 불 의 자 학 고 지 도 이 이 철 야}

나는 그대가 옛 성인의 도를 배우면서 먹고 마시기만 할 줄 몰랐다.

〈이루장구〉 상편 중에서

적어도 배불리 먹고살 수 있다면 누구나 더 큰 꿈을 추구하고 높을 곳을 향해 나아가야 하며, 그럭저럭 배불리 먹고사는 수준에 계속 머물러서는 안 된다.

아직 배불리 먹고살 수준이 아니라면 어떻게 해야 할까? 일반적으로 기본적인 의식주조차 감당할 수 없다면 당면한 급선무부터 해결하는 것이 좋다.

다만 생존을 위해 가장 기본적인 수요가 충족되었다면 사람은 더 큰 목표와 이상을 향해 나아가야 한다. 이것은 경고이자 격려이다.

잃어버린 자신을 되찾아라

學問之道无他, 求其放心而已矣.

학문의 도리는 다른 것이 아니라 자신이 놓아버린 양심을 찾아오는 것이다.

〈고자장구〉 상편 중에서

인생의 임무는 우선 자신의 잃어버린 선량한 마음을
찾아오는 것이다. 이것은 하늘의 위대한 아름다움을 인
간의 선량한 본성으로 잘 표현하는 것이기도 하다.

자신에게 있었던 아름다운 모든 것, 즉 사랑 · 순수 · 환상
· 기억 · 호기심 · 흥미 · 경외 등을 버리거나 잃어버려서는
안 된다. 이런 것들은 시 · 소설 · 연극의 영원한 주제로,
늘 사람들에게 감동을 선사한다.

자신도 완벽하지 않으면서 남을 비웃지 말라

<ruby>以<rt>이</rt></ruby><ruby>五<rt>오</rt></ruby><ruby>十<rt>십</rt></ruby><ruby>步<rt>보</rt></ruby><ruby>笑<rt>소</rt></ruby><ruby>百<rt>백</rt></ruby><ruby>步<rt>보</rt></ruby>, <ruby>則<rt>즉</rt></ruby><ruby>何<rt>하</rt></ruby><ruby>如<rt>여</rt></ruby>?"
"以五十步笑百步, 則何如?"

<ruby>不<rt>불</rt></ruby><ruby>可<rt>가</rt></ruby>, <ruby>直<rt>직</rt></ruby><ruby>不<rt>불</rt></ruby><ruby>百<rt>백</rt></ruby><ruby>步<rt>보</rt></ruby><ruby>耳<rt>이</rt></ruby>, <ruby>是<rt>시</rt></ruby><ruby>亦<rt>역</rt></ruby><ruby>走<rt>주</rt></ruby><ruby>也<rt>야</rt></ruby>.
"不可, 直不百步耳, 是亦走也."

"오십 보 달아난 사람이 백 보를 달아난 사람을 비웃는다면 어떻겠습니까?"
"옳지 않네. 백 보만 아닐 뿐이지, 오십 보도 달아나기는 마찬가지 아닌가."

〈양혜왕장구〉 상편 중에서

겸손과 자기반성의 마음가짐을 늘 유지하며 작은 성과에 경거망동해서는 안 된다. 노력이라는 것을 했다면 일상생활 속에서 혹은 일과 배움 속에서 누구나 정도의 차이만 있을 뿐 발전을 하게 되어 있다. 하지만 이런 대부분의 발전은 일반적인 과정이고, 운과 같은 우연적 요소가 결합할 때도 있으니 자화자찬할 것이 못 된다.

시험 성적이 올라가고, 시합에서 한두 골 더 넣고, 한 차례 좋은 평가를 받고, 동료보다 1년 먼저 승진하고……. 이런 성과들은 대부분 오십보백보에 지나지 않는다. 어쩌면 2년 후에 다시 뒤처지거나, 모든 상황이 역전될지

도 모른다. 인생사가 모두 오십보백보, 새옹지마에 불과
하다. 그러니 겸손과 자기반성의 마음만큼 자신을 발전
시킬 수 있는 것이 없다.

사람의 마음을 깊이 헤아릴 줄 알라

權, 然後知輕重.
권 연 후 지 경 중

度, 然後知長短.
도 연 후 지 장 단

物皆然, 心爲甚.
물 개 연 심 위 심

저울을 가지고 물건을 달아본 뒤에야 그 물건의 가볍고 무거움을 알고, 자로 길이를 재보고 난 뒤에야 그 물건의 길고 짧음을 알 수 있다. 세상 만물이 이러하니 사람의 마음은 특히 더 재보고 헤아려야 깊이 들여다볼 수 있다.

〈양혜왕장구〉 상편 중에서

남과 더불어 살아가는 세상에서 철저한 조사가 뒷받침되지 않은 주관적 생각만 주장한다면 발언권을 얻을 수 없다. 세상의 모든 일은 직접 겪어봐야 비로소 더 깊이, 더 많은 것을 깨우칠 수 있다. 사람들이 흔히 저지르는 실수 중 하나가 바로 자신의 주관적 억측만으로 타인을 판단하고 비난하거나, 자아를 쉽게 맹신하는 것이다.

시야가 넓은 사람은 늘 자신의 주관적 판단을 경계하고, 실제 조사와 자아 반성을 더 중요하게 생각한다. 늘 모든 상황을 객관적으로 가늠하고 판단해야 자신을 제대로 들여다보며 잘못을 개선하고 나아가 세상을 똑바로 볼 수 있기 때문이다.

모르면 모른다고 하라

시 모 비 오 소 능 급 야
是謀非吾所能及也.

이 계략은 내가 생각해낼 수 있는 것이 아닙니다.

〈양혜왕장구〉 하편 중에서

어떤 구체적인 문제에 대해 잘 모르겠으면 차라리 "나
도 어떻게 해야 할지 잘 모른다"라고 솔직히 말하는 편
이 낫다.

공자는 "아는 것을 안다고 하고, 모르는 것을 모른다고
하는 것이 아는 것이다"라고 했다.

무엇을 물어봐도 청산유수처럼 대답만 잘하는 유명 방
송인을 보고 있노라면 왠지 모르게 안타까운 생각이 든
다. 그가 한 번이라도 "그건 내가 대답할 수 있는 문제가
아닙니다"라고 말했다면 차라리 그의 말에 훨씬 믿음이
갔을 거고, 대중이 그의 말에 현혹되어 잘못된 판단을 하
는 일도 줄어들지 않을까 싶다.

분수를 지키고 만족할 줄 알라

구 위 후 의 이 선 리 　 불 탈 불 염
苟爲厚義而先利, 不奪不厭.

모든 일에 도의와 도리를 뒤로한 채 이익만을 최우선으로 한다면 모든 것을 빼앗지 않고는 만족할 수 없다.

〈양혜왕장구〉 상편 중에서

도의와 도리를 뒤로한 채 이익만을 최우선으로 한다면 모든 것을 빼앗지 않는 이상 탐욕을 만족시킬 수 없을 것이다.

물욕의 유혹으로 가득한 현대 사회에서 우리는 분수를 지키고 만족하는 마음을 늘 유지해야 한다. 욕망이 비정상적인 욕구나 무절제한 탐욕으로 바뀐다면, 그것은 우리의 삶을 송두리째 집어삼키며 욕망의 노예로 전락시킬 것이다.

과장된 명성을 경계하라

성 문 과 정　군 자 치 지
聲聞過情, 君子恥之.

군자는 명성이 실제보다 지나치게 부풀려지는 것을 부끄러워한다.

〈이루장구〉 하편 중에서

우리는 남의 비위를 맞추기 위해 듣기 좋은 말을 하는 것, 명성이 실상과 부합하지 않는 것, 큰소리로 세상 사람을 속이고 남의 명예를 훔치는 것, 허풍을 떨면서도 부끄러운 줄 모르는 것, 뻔뻔하게 흰소리를 치는 것, 소문이 실제보다 부풀려지는 것을 경계해야 한다. 그런데도 어떤 사람은 허울뿐인 명성 속에 숨겨진 슬픔, 거짓, 두려움, 가증스러움을 알지 못한 채 그것을 쫓으며 잘못된 길로 빠져든다. 갑작스럽게 얻은 명성은 그 내실이 뒷받침되지 않는 이상 결국 눈 깜짝할 사이에 물거품처럼 사라질 수밖에 없다.

오로지 실제에 부합해 착실히 쌓아 올린 명성만이 더 나은 발전을 위한 밑거름이 된다.

마음이 하는 일에 주목하라

마음이 하는 일은 생각하는 것이니 생각을 하면 얻고, 생각이 없으면 얻지 못한다.

〈고자장구〉 상편 중에서

마음이 하는 일은 생각하고 판단하는 것이며, 이것은 하늘이 내린 귀한 능력이다.

멀티미디어 등이 발달하면서 일각에서는 문학의 쇠퇴, 소설의 몰락과 같은 어리석은 예언을 내놓기도 했다. 다시 말해서 이것은 '눈과 귀'의 감각기관으로 가능한 '시청'이 '마음의 기관'을 통해 얻을 수 있는 '생각'과 '얻음'의 '열독'을 대신할 수 있다고 여기는 것이다.

지혜와 정신적 수양, 도덕적 경지는 감각기관의 수요와 반응으로 채워질 수 없다. 이는 오늘날 배금주의와 물질만능주의를 향하는 시대에 특히 주목해야 하는 부분이다.

재미와 자극에만 만족해서는 안 된다

급속도로 발전하는 멀티미디어 시대에 누군가는 영상과 음향 작품이 서적과 간행물을 도태시킬 수 있다고 믿는다. 이것은 한 가지 문제점을 적나라하게 폭로하는 것과 같다. 즉, 감각기관의 자극과 즐거움을 추구하며 두뇌와 영혼의 성장과 발전을 배척하고 나아가 그걸 대체하겠다는 것이다.

이것은 시장화, 대중화로 상징되는 문화생활이 가져올 부정적 영향의 일환이고, 사람들이 우려하는 현실적 도전이기도 하다.

사람은 단지 감각기관의 재미와 자극에만 만족해서는 안 된다. 자신의 사고와 영혼을 성숙시켜 정신 능력을 발전시키고 추구할 수 있어야 한다.

남의 재앙을 다행으로 여기거나
즐겨서는 안 된다

安其危而利其菑, 樂其所以亡者.

자신에게 닥칠지도 모를 위험한 상황과 재앙을 오히려 다행으로 여기고 이롭게
생각하는 것이야말로 많은 사람이 점차 파멸의 길로 가는 이유다.

〈이루장구〉 상편 중에서

남에게 닥친 위험한 상황과 재앙이 자신에게 미치지
않은 것에만 안도하고, 심지어 이롭게 생각하는 것이야
말로 많은 사람이 점차 파멸의 길로 가는 이유다.

우리 주변에는 이런 식으로 도의를 저버린 채 살아가는
사람들이 존재하게 마련이다. 나라가 위기에 몰리고 공
동체에 재난이 닥쳐도 그들은 국가의 위기와 천재지변
을 이용해 자신의 잇속을 차리기에 바쁘다. 그들에게 타
인의 죽고 사는 문제는 하나도 중요하지 않으며, 공동체
의 이익 따위는 안중에 없다. 이런 사람들 역시 파멸을
자초하는 부류라고 할 수 있다.

정신의 빈곤이 더 해롭다

豈惟口腹有飢渴之害?

人心亦皆有害.

어찌 배고픔과 목마름으로 느끼는 고통과 피해가 오로지 입과 배에만 있겠는가?
사람의 마음 역시 마찬가지다.

〈진심장구〉 상편 중에서

배가 고프면 겨를 먹어도 꿀같이 달고, 배부를 땐 꿀을
먹어도 단 줄을 모른다고 했다. 죽을 만큼 배가 고파지면
거지가 먹는 음식조차 산해진미로 보일지 모른다. 이처
럼 허기는 죽어가던 입맛도 되살리는 극약처방이 된다.
다만 여기서 말하고자 하는 것은 물질의 결핍이 물질에
대한 과도한 갈망과 탐욕을 가져온다면, 정신의 결핍은
정신의 갈증·탐욕·불안·초조·과잉 감정으로 이어진
다는 점이다.

사람이 배가 고프다고 해서 아무거나 주워 먹어 몸을 상
하게 해서는 안 되듯이, 정신적으로 결핍·공허·억압을
느낀다고 해서 함부로 타인의 통제에 순응하거나 옳고

그름의 진위를 가리지 않고 무작정 따라가면 안 된다. 또한 극단적이고 일방적인 선동, 허울뿐인 허튼소리, 향정신성 마약에 넘어가 자신의 심리적 자질과 정신적 기능을 망가뜨려서도 안 된다.

물질적 부만 추구하면
결국 그 화가 자신에게 미친다

<ruby>寶<rt>보</rt></ruby><ruby>珠<rt>주</rt></ruby><ruby>玉<rt>옥</rt></ruby><ruby>者<rt>자</rt></ruby>, <ruby>殃<rt>앙</rt></ruby><ruby>必<rt>필</rt></ruby><ruby>及<rt>급</rt></ruby><ruby>身<rt>신</rt></ruby>.

진귀한 보석과 재물만을 보배로 여기는 사람은 반드시 그 화가 자신에게 이른다.

〈진심장구〉 하편 중에서

인품, 덕행, 학식, 능력이 아니라 진귀한 보석과 재물만
을 보배로 삼는다면 반드시 그 화가 자신에게 미치게 되
어 있다. 한 사람이 추구하는 바가 오로지 물질적 부를
위한 것이라면 그가 과연 어떤 일을 할 수 있을지 쉽게
상상이 간다.

이것은 상식 이하이자 말하지 않아도 알 수 있는 그런 일
이다. 문제는 수많은 인물 심지어 위대한 인물들의 과실
이 심오하고 전문적인 학문에 대한 이해 부족이 아니라
상식에 대한 그릇된 이해에서 비롯되었다는 것이다.

六章

실의에 빠졌을 때도 초심을 지킨다

역경도 일종의 재산이다

기 조 심 야 위   기 려 환 야 심   고 달
其操心也危, 其慮患也深, 故達.

위기에 처해 노심초사하며 방법을 찾으려 애쓰기 때문에 사리에 통달하게 되는 것
이다.

〈진심장구〉 상편 중에서

노심초사하며 근심하는 마음이 깊고, 매사에 조심하
며 만전을 기한다면 부주의로 말미암아 돌이킬 수 없는
손실을 보는 일이 줄어들 수 있다.
우리는 역경의 필요성과 그것을 통해 만들어지는 우월
성을 깊이 깨달아야 한다.
역경은 수많은 사람의 능력과 초능력을 끌어냈고, 시련
을 극복할 지혜를 만들어주기도 했으니, 그런 의미에서
볼 때 역경 역시 일종의 재산이라고 할 수 있다.

역경은 없던 능력도 만들어낸다

고 천 장 강 대 임 어 시 인 야　필 선 고 기 심 지
故天將降大仕於是人也, 必先若其心志,

노 기 근 골　아 기 체 부　공 핍 기 신
勞其筋骨, 餓其體膚, 空乏其身,

행 부 란 기 소 위　소 이 동 심 인 성　중 익 기 소 불 능
行拂亂其所爲, 所以動心忍性, 曾益其所不能.

그러므로 하늘이 장차 큰 임무를 어떤 사람에게 내릴 때는 반드시 먼저 그 사람의
의지를 시험하고, 근골을 수고롭게 하고, 배를 굶주리게 하고, 그 몸을 궁핍하게
하고, 그가 하는 일을 어긋나게 하고 어지럽힌다. 이렇게 해야 비로소 그가 마음을
진작시키고 성품을 단련시켜 그가 해낼 능력이 없는 일에서조차 이루는 바가 있
도록 만들 수 있다.

〈고자장구〉 하편 중에서

이른바 위인이라고 불리는 뛰어난 인물들은 모두 역경
을 통해 거듭났다. 역경은 그들에게 없던 능력도 만들어
주었다. 그렇다. 역경은 인생의 또 다른 기회다. 그러니
역경을 무작정 피하려고만 하지 말라.

부끄러움을 알라

인 불 가 이 무 치　무 치 지 치　무 치 의
人不可以無恥. 無恥知恥, 無恥矣.

사람은 부끄러워하는 마음이 없어서는 안 된다. 염치를 모르는 것을 부끄럽게 여기면 부끄러워할 일이 없다.

〈진심장구〉 상편 중에서

사람이라면 부끄러워하는 마음이 없어서는 안 된다. 염치를 모르는 것을 부끄럽게 여기면 부끄러워할 일이 없다.

부끄러움을 아는 것은 일종의 미덕이다. 예를 들어 '예의염치(禮義廉恥)'의 '치(恥)'는 자기를 통제하고 존엄을 지키는 것이고, 반면에 '무치(無恥)'는 뻔뻔하고 파렴치하며 악행을 저지르는 것을 의미한다.

부끄러움을 알아야 비로소 용감하게 나아갈 수 있다. 자신의 부족한 점을 깨닫고 고치는 사람만이 희망을 볼 수 있다.

건강한 정신 상태를 유지하라

居移氣, 養移體.
<small>거 이 기　양 이 체</small>

거하는 곳에 따라 기질이 바뀌고, 먹고 마시는 것에 따라 체질이 달라진다.

〈진심장구〉 상편 중에서

거주하는 곳의 조건이 기질과 정신 상태에 영향을 미치고, 무엇을 먹고 마시느냐에 따라 신체의 발육과 생리적 상태가 달라진다.

근본적으로 정리하자면 사는 장소와 지위 그리고 어떤 대우를 받느냐에 따라 한 사람의 기백과 자존감이 달라진다는 것이다. 기백과 자존감이 높아지면 강직하고 대범하며 책임감이 강해지고, 양생의 도를 구하며 만족스러운 삶을 살아갈 수 있다.

요컨대 우리는 자신의 건강한 정신 상태를 잘 유지해야 한다.

자애자중하고, 자포자기하지 말라

自暴者, 不可與有言也. 自棄者, 不可與有爲也.

자기를 해치는 사람과 더불어 이야기할 수 없고, 자기를 버리는 사람과 더불어 일할 수 없다.

〈이루장구〉 상편 중에서

자신을 해치고 버리는 '자포자기'를 할 것인가, 자신을 사랑하고 소중히 여기는 '자애자중(自愛自重)'을 할 것인가?

자애자중하는 사람은 자존감이 높고, 늘 자신보다 뛰어난 사람에게 적극적으로 배우고, 자신의 자질을 높이는 일에 노력을 아끼지 않는다.

자포자기하는 사람에게서는 희망을 찾아보기 힘들다. 그들이 왜 자포자기하는지를 따져보면, 사회적 풍조도 얼마큼 일조했겠지만 아마 가장 큰 원인은 학습과 교화의 결핍 때문일 것이다.

이성으로 감정을 제어하라

持其志, 無暴其氣

그 뜻을 확고하게 지키고, 그 기가 함부로 날뛰게 하지 마라.

〈공손추장구〉 상편 중에서

확고부동한 마음의 의지는 불같은 성미와 외골수적인 강직한 성격으로 드러나는 것이 아니며, 성실하고 부지런한 실천과 신중한 말과 행동을 더 필요로 한다. 이것은 무의미한 감정의 소모를 가능한 한 피하는 자제력이 뒷받침되어야 한다.

사람의 감정과 욕망을 한 마리 야생마에 비유한다면 이성은 바로 이 야생마를 제어하고 길들일 수 있는 가장 좋은 고삐다.

마음을 한결같이 지켜라

窮不失義, 達不離道.
궁 불 실 의 달 불 리 도

아무리 곤궁해져도 의로움을 잃어서는 안 되며, 뜻을 이루었다고 정도에서 벗어나면 안 된다.

〈진심장구〉 상편 중에서

올바른 품성과 덕을 갖춘 인물일수록 곤궁에 처해도 의를 저버리지 않고, 뜻을 이룬 후에도 정도를 벗어나지 않는다.

곤궁에 처했을 때 의를 저버리지 않아야 비로소 자신의 인격이 타락하고 변질하는 것을 막을 수 있다. 뜻을 이루었을 때 정도를 벗어나지 않아야 사람들의 아름다운 기대를 물거품으로 만드는 우를 범하지 않을 수 있다.

어떤 상황에서도 자신의 마음을 한결같이 지키는 것이 바로 군자의 훌륭한 품성이다.

평정심을 유지하라

주 어 덕 자　　사 세 불 능 란
周於德者, 邪世不能亂.

덕이 많은 사람은 사악한 세상도 그를 현혹하지 못한다.

〈진심장구〉 하편 중에서

덕과 인품이 뛰어난 사람은 아무리 많은 좌절에 부딪히고 험난한 처지에 놓인다 해도 쉽게 흔들리지 않는다. 이것은 자신이 가지고 있는 내적 자원과 능동성을 강조하는 말이기도 하다.

사회와 환경은 늘 끊임없이 변하게 마련인데, 좌절이나 불행도 늘 우리 곁에 도사리고 있다. 그런 시련과 맞닥뜨렸을 때 세상과 운을 탓하기보다 차라리 자신의 마음가짐을 바르게 하고, 자신에게서 그 원인을 찾아 쉽게 흔들리지 않는 평정심을 키우는 편이 낫다.

심리적, 생리적 이중 강화 벽을 세우라

我善養吾浩然之氣.
_{아 선 양 오 호 연 지 기}

나는 호연지기를 잘 기른다네.

〈공손추장구〉 상편 중에서

자아 수련의 핵심은 바로 몸과 마음의 원기를 기르는 것이다. 여기서 말하는 '기(氣)'는 상당히 추상적이면서도 실재적이다. 추상적이라는 말은 무형, 무성, 무색, 무취를 가리킨다. 실재적이라는 말은 그것이 몸과 마음속에 확실히 존재하고, 모든 결정에 영향을 미친다는 의미다. 이는 정신적인 영역에 속하지만 동시에 사람들은 그것의 물질적 실재성을 느낄 수 있다.

한 사람의 기세가 거침없고 정의로우며 강직하다면 세상을 대하는 그의 마음속은 강인함, 충만함, 당당함으로 가득 차 있을 것이다. 그것은 심리적·생리적 강인함을 모두 포함한다. 반대로 그의 마음속에 위축, 공허, 결핍, 나약함이 가득하다면 이것은 심리적·생리적 쇠약을 의

미한다.

그러므로 심리적·생리적 균형과 강인한 정신력을 키우기 위해 의리·도덕·정신적 추구·사람됨의 원칙을 끝까지 견지해야 한다.

파멸을 자초하지 말라

천 작 얼   유 가 위   자 작 얼   불 가 활
天作孽, 猶可違. 自作孽, 不可活.

하늘이 내린 재앙은 피하거나 감당할 수 있을지 몰라도, 스스로 만든 재앙은 피할
길이 없다.

〈공손추장구〉 상편 중에서

하늘이 재앙을 내리면 감당할 수 있을지 몰라도, 스스
로 죄를 짓는다면 빠져나갈 방도가 없어진다.

'하늘이 누군가를 파멸시키고자 하면 먼저 그를 미치광
이로 만든다'라는 말 역시 비슷한 맥락이다.

스스로 제대로 된 판단과 인지를 할 수 없는 상황에서 한
사코 고집을 부리며 막다른 길, 그릇된 길로 가려는 이상
누구도 그를 막을 수 없다.

의미 없는 걱정을 줄이라

불 가 이 타 구 자 야
不可以他求者也.

이것은 스스로 생각하고 결정해야 할 문제이며, 다른 사람에게서 대신 구할 수 없다.

〈등문공장구〉 상편 중에서

어떤 일은 자신이 생각을 정해야지, 다른 사람에게 그 답을 대신 구할 수 없다. 물론 이것은 자만심에 빠져 다른 사람의 유용한 의견까지 외면하라는 의미가 절대 아니다. 다만 원칙과 이념을 가진 군자라면 스스로 생각과 판단을 한 후 행동에 옮겨야 하며, 무의미한 걱정으로 시간을 낭비하지 말아야 한다는 것을 일깨워주고 싶어서 하는 조언일 뿐이다.

금은 어디에 있어도 빛이 난다

약 부 호 걸 지 사　　수 무 문 왕 유 흥
若夫豪傑之士, 雖無文王猶興.

진정한 호걸이자 인재라면 문왕(文王)과 같은 성인이 없더라도 떨치고 일어나야
한다.

〈진심장구〉 상편 중에서

진정한 인재는 현명한 지도자 없이도 떨치고 일어날
능력을 지니고 있다. 이것은 금이 언제 어디에 있어도 반
짝반짝 빛이 나는 이치와 다르지 않다.

여기서 객관적 요소의 제한을 언급하지 않은 것은 긍정
적인 사고와 목표를 가지고 성공을 향해 나아가기 바라
는 마음에서다.

물론 때를 기다릴 줄 아는 것 역시 인재가 갖추어야 할
덕목이다. 기다릴 줄 모르는 사람은 뜻한 바를 이룰 수
없다. 인재는 언제 어디서라도 그 빛을 잃지 않으니, 진
리를 탐구하며 그 능력이 가장 귀하게 쓰일 때를 기다려
야 한다.

순리를 따르라

如智者亦行其所無事, 則智亦大矣.
(여 지 자 역 행 기 소 무 사   칙 지 역 대 의)

지혜로운 사람이 순리에 따라 일하고 힘겨루기를 하지 않는다면, 그것이 바로 진
정한 지혜다.

〈이루장구〉 하편 중에서

　　순리에 따라 일하고, 실정에 맞춰 대책을 세우고, 형세
에 순응하고, 소모적인 힘겨루기를 하지 않는다면 그것
이야말로 진정한 지혜다.

　　지금은 욕망, 기술, 경쟁, 정보가 동시다발적으로 비약적
발전을 하며 최고 수준에 이른 시대다. 이럴 때 만사를
순리대로 풀어가고 소모적인 힘겨루기에서 물러서는 것
자체가 고난도의 지혜를 필요로 한다. 자기만 옳다고 생
각하는 사람은 절대 해낼 수 없는 일이기도 하다.

자신을 돌이켜 문제점을 찾아라

行有不得者, 皆反求諸己.
<small>행 유 부 득 자   개 반 구 저 기</small>

행위가 소기의 목적에 도달하지 못하면 돌이켜 자신에게서 그 원인을 찾아야
한다.

〈이루장구〉 상편 중에서

문제가 생기고 좌절할 때마다 하늘을 원망하고 남을
탓하며 불평불만이 가득한 사람이 적지 않다. 경영에 문
제가 생기면 직원의 자질과 능력을 탓하고, 일이 뜻대로
안 풀리면 인재를 못 알아보는 세상을 탓하고, 자신이 남
보다 못하다고 생각되면 부모를 탓하고……. 이들은 살
면서 남 탓을 하는 것이 습관처럼 몸에 배어 있다. 모든
책임을 남에게 전가하며 피 튀기게 물어뜯을 뿐 자신을
돌아보지 않으니 무능하고 유약한 구제 불능으로 전락
할 수밖에 없다.

그러므로 타인을 원망하며 남 탓을 하기보다 자신을 돌
이켜 잘못을 최대한 고치려 노력하고, 그 과정에서 스스
로 행복을 만들어갈 수 있어야 한다.

좌절과 냉대 앞에서 절망하지 말라

유 일 이 불 원   액 궁 이 불 민
遺佚而不怨, 厄窮而不憫.

버려지고 잊혀도 원망하지 않고, 곤궁에 빠져도 절망하지 않았다.

〈만장장구〉 하편 중에서

누구나 인생의 길 위에서 무수히 많은 좌절, 실패, 냉대, 소외와 맞닥뜨릴 수 있다. 그럴 때마다 그것을 어떻게 대처하고 극복하는지가 바로 인생의 성공 여부 혹은 행복지수를 결정짓는 관건이다. 이런 문제를 잘못 처리하면 심각한 심리적 문제를 초래할 수도 있다.

좌절과 실패를 견뎌내고, 냉대받고 잊혀도 남을 원망하거나 탓하지 않으며, 곤경에 빠지고 벽에 부딪혀도 절망하지 않는 것은 강한 내면의 힘이 뒷받침되지 않으면 불가능하다. 내적 힘이 강한 사람은 어떤 시련 속에서도 당당하고 여유로우며, 해결의 답을 찾아낼 지혜를 가지고 있다.

잘못을 인정하고 과감히 고쳐라

고 지 군 자　　과 즉 개 지
古之君子, 過則改之.

금 지 군 자　　과 즉 순 지
今之君子, 過則順之.

옛날의 군자는 허물이 있으면 고쳤는데 지금의 군자는 허물이 있어도 그냥 밀고
나간다.

〈공손추장구〉 하편 중에서

　　잘못을 대하는 태도에 따라 군자와 군자가 아닌 사람
의 차이가 확연해지는데, 특히 이것은 군자와 소인배의
큰 분수령이 되기도 한다.

　　누구나 실수를 하지만 그 후 어떻게 대처하느냐에 따라
그 결과는 달라진다. 다른 사람에게 자신의 실수를 드러
내고 그들로부터 격려와 위로를 받는 법을 배우는 것은,
실수를 인정하고 적극적으로 고치겠다는 의지의 또 다
른 표현이다.

　　옛말에 군자의 잘못은 일식(日食)이나 월식(月食)과도 같
다고 했다. 일식이나 월식처럼 한때 그 빛이 가려질 수는

있지만, 그 근본을 이루고 있는 정도와 덕행은 결국 다시 빛나 그 빛을 만천하에 드리우게 되기 때문이다.

마음속에 당당한 기백을 품고 세상 앞에 정정당당한 사람만이 비로소 잘못을 용감하게 인정하고 적극적으로 고칠 수 있다.

자신을 낮추면 남을 올려다볼 수밖에 없다

인 필 자 모　　연 후 인 모 지
人必自侮, 然後人侮之.

내가 나를 업신여기면 남도 나를 업신여기게 되어 있다.

〈이루장구〉 상편 중에서

　　객관적 요소의 역할만을 맹목적으로 추종하고 자신의
잠재력을 개발하는 일은 등한시하면서 한사코 자신을
경시하고 방임한다면 결국 생활과 일 속에서 입지가 점
점 좁아지며 비루한 존재로 전락할 수밖에 없다. 그러다
난감하고 억울한 일을 당하기라도 하면 하늘을 원망하
고 남 탓을 하느라 바빠질 것이다.

물론 이 사회에는 차이와 불공평이 존재하고, 때때로 도
덕과 양심을 찾아볼 수 없는 경우도 많다. 하지만 그 책
임이 자신에게 있지 않았는지 돌이켜볼 필요가 있다. 타
인의 평가는 대부분 자신에게서 비롯되기 때문이다.

나 자신을 업신여기고 낮추면 남 역시 나를 업신여기고,
나 자신을 존중하면 남도 나를 존중한다.

잘못을 고치는 추진력을 높여라

여 지 기 비 의   사 속 이 의   하 대 래 년
如知其非義, 斯速已矣, 何待來年.

어떤 일이 잘못된 것을 알았다면 즉시 고치면 될 일이지, 무엇 때문에 내년까지 기
다린단 말입니까.

〈등문공장구〉 하편 중에서

잘못을 몰라서 못 고치는 사람보다 잘못을 알면서도
못 고치는 사람이 더 많다. 그들은 잘못을 고쳐야 한다고
생각만 할 뿐 행동으로 옮기지 못한 채 계속 미루는 데
익숙하다. 그들에게는 잘못을 고치고 멈추려는 용기와
의지가 필요하다. 때로는 단호하게 결단을 내리는 용기
도 있어야 한다. 계속 미루며 질질 끌기만 한다면 결국
더 많은 골칫거리가 생겨날 수밖에 없다.

자신의 잘못을 알고 있다면 가능한 한 빨리 과감하고 철
저하게 그 뿌리를 뽑아내 더는 같은 실수를 반복하지 않
아야 한다. 잘못에는 옳고 그름의 판단만 존재할 뿐, 정
도의 차이는 존재하지 않는다.

고질병에는 독한 약을 써야 한다

약 약 불 명 현　궐 질 불 추
若藥弗瞑眩, 厥疾不瘳.

약을 먹고도 명현 반응이 생기지 않는다면 그 병을 고칠 수 없다.

〈등문공장구〉 상편 중에서

명현(瞑眩)은 원래 정신이 혼미하고 어지러운 것을 의미하는데, 약을 복용한 후 명현 반응이 생기지 않으면 그 병을 고칠 수 없다고 했다.

사실 이 말은 병의 치료에만 해당하는 것은 아니다. 우리가 난감한 문제에 부딪혔을 때 신속하고 철저하게 그 문제를 해결하려면 명현 반응을 감수하고라도 독한 약을 처방해야 한다. 약물의 부작용을 걱정해 그 약의 복용을 거부하고, 증상의 악화를 방치하는 것이 과연 현명한 선택이라고 할 수 있을까?

七章

큰 그림을 그린다

인재 · 규범 · 관리에 주목하라

불 신 인 현 　 즉 국 공 허
不信仁賢, 則國空虛.

무 례 의 　 즉 상 하 란
無禮義, 則上下亂.

무 정 사 　 즉 재 용 부 족
無政事, 則財用不足.

어질고 현명한 사람을 믿지 않으면 나라가 공허해지고, 예의를 중시하지 않으면 상하관계가 혼란스러워지고, 행정관리가 제대로 갖추어지지 않으면 재정이 바닥을 드러내게 된다.

〈진심장구〉 하편 중에서

인재는 중요한 자원이다. 그래서 어질고 현명한 사람을 믿지 않으면 자원이 부족하거나 없는 것과 같으니 경쟁력이 떨어질 수밖에 없다. 예법과 원칙을 중시하지 않으면 상하관계가 무너지니, 리더십이 힘을 잃고 혼란과 무질서를 초래할 수 있다. 효과적인 행정관리 체계가 갖추어져 있지 않으면 재정 위기에 빠질 수 있다.

치국의 도뿐만 아니라 경영의 도 역시 이런 이치에서 크게 벗어나지 않는다.

인에 근거하여 의를 따르라

거 인 유 의   대 인 지 사 비 의
居仁由義, 大人之事備矣.

인과 덕에 근거해 의를 따른다면 대인이 마땅히 해야 할 일을 한 것이니, 당신은
이미 모든 걸 다 갖춘 것이라 할 수 있다.

〈진심장구〉 상편 중에서

관리자의 관점에서 인(仁)과 덕에 입각한다는 것은 단
체와 단체의 구성원을 관심과 사랑으로 마음을 다해 대
하는 것을 말한다. 의(義)를 행한다는 것은 어떤 일을 하
거나 어떤 주장을 할 때 모두 의에 따라 처리해야 하고,
권력의 남용과 권모술수를 피하고, 뇌물수수와 같은 위
법 행위를 해서는 안 된다는 의미를 담고 있다.

관리자라면 자신의 말과 행동이 이런 기준에 부합하는
지 수시로 자신을 돌아보아야 한다.

정신적으로 강력한 감염력이 있어야 한다

유대인자 정기이물정자야
有大人者, 正己而物正者也.

성인은 자신을 바르게 함으로써 주변의 모든 것이 바른길로 가도록 인도하는 사람이다.

〈진심장구〉 상편 중에서

성인(聖人, 덕과 지혜가 뛰어나고 사리에 정통하여 모든 사람의 스승이 될 만한 사람)은 자신을 바르게 함으로써 주변의 모든 것이 바른길로 가도록 인도한다.

다시 말해서 그들은 강력한 감염력을 가진 정신적 지도자이자 도덕적 잣대이며 모든 사람의 모범이다.

현명하고 능력 있는 사람은 언제나 새로운 길을 개척하고, 이루지 못할 일이 없으며, 강력한 파급력을 가지고 있는 차원이 다른 존재다.

하늘의 때와 땅의 지형보다
사람의 화합이 먼저다

천 시 불 여 지 리   지 리 불 여 인 화
天時不如地利, 地利不如人和.

천시는 지리적 이점만 못하고, 지리적 이점은 인화만 못하다.

〈공손추장구〉 하편 중에서

천시(天時, 하늘의 때)는 지리적 이점만 못하고, 지
리적 이점은 인화(人和, 사람의 화합)만 못하다고 했다. 이
세 가지 중 우선순위를 정할 때 인화가 가장 중요하기 때
문이다.

인화란 무엇일까? 이것은 바로 사람 간의 협력, 화합, 창
의력과 개성의 전면적 발전을 끌어내는 힘이다. 다시 말
해서 인간의 지혜, 신앙, 이념, 가치, 문화, 과학 기술, 집
단역량의 축적과 총체적 활성화를 이뤄내는 힘이다.

상하관계는 상호존중을 바탕으로 한다

군 지 시 신 여 수 족　즉 신 시 군 여 복 심
君子視臣如手足, 則臣視君如腹心.

군 지 시 신 여 견 마　즉 신 시 군 여 국 인
君之視臣如犬馬, 則臣視君如國人.

군 지 시 신 여 토 개　즉 신 시 군 여 구 수
君之視臣如土芥, 則臣視君如寇仇.

군왕이 신하를 제 몸처럼 대하면 신하는 군왕에게 심복한다. 군왕이 신하를 개나 말처럼 보면 신하는 군왕을 보통의 사람으로 여긴다. 군왕이 신하를 흙이나 풀처럼 여기면 신하는 임금을 도적과 원수처럼 여긴다.

〈이루장구〉 하편 중에서

상급자가 하급자를 자신의 제 몸처럼 대한다면 마치 형제처럼 그 관계가 친밀해진다. 이런 관계가 유지될 때 상호 신뢰가 탄탄해지고, 하급자는 상급자에게 기꺼이 복종한다. 상급자가 하급자를 도구로만 여긴다면 하급자에게 진심 어린 충성심이 생겨날 수 없고, 그 역시 그저 형식적인 관계를 유지하는 데 그친다. 상급자가 하급자를 흙이나 풀처럼 여긴다면 하급자는 원수나 적을 대하듯 그를 상대할 것이다.

일반적인 상하관계의 일방적인 고도나 기울기와 다르게 여기서 말하는 상하관계는 양방향, 상호연동, 균형을 강조하고 있다. 내가 다른 사람을 어떻게 대하느냐에 따라 그 역시 똑같이, 아니 그 이상으로 나를 대할 것이다.

권세를 잘 이용하라

낙 기 도 이 망 인 지 세
樂其道而忘人之勢.

(군왕은) 치국의 도를 즐겼고, 사람의 권세를 잊었다.

〈진심장구〉 상편 중에서

일상생활 속에서 드러나는 상하관계는 절대 권력 혹은 무조건적인 숭배 위에 세워져서는 안 된다.

천박하고 속된 관점에서 보면 권세는 바로 모든 것을 의미한다. 하지만 좀 더 멀리 내다본다면 도리에 합당해야 도와주는 사람이 많고, 도에 어긋나면 도와주는 사람이 적어진다. 또한 덕으로 사람을 복종시켜야 마음에서 우러나와 충심을 다하게 되며, 권세로 복종을 강요하면 결국 큰 후환을 피하기 어렵다.

물론 멀리 내다보고 착실하게 일하며, 도덕적 이상을 가지되 시세를 잘 살피고, 임기응변에 능해야 한다. 이상과 현실을 접목해 능력과 권력을 효율적으로 연동시키는 일은 결코 쉽지 않다. 하지만 이 두 가지가 절대 대립해서는 안 된다.

개인의 이익과 행복을 보장해야
더 큰 이익을 실현할 수 있다

이 일 도 사 민   수 노 불 원
以佚道使民, 雖勞不怨.

백성을 편안하고 행복하게 해주는 원칙에 따라 그들을 부리면 비록 수고스럽더라
도 원망하지 않는다.

〈진심장구〉 상편 중에서

관리자가 구성원의 이익과 행복을 경영의 원칙으로
삼고 조직을 운영한다면 비록 고된 노동의 대가를 치른
다 해도 불평불만이 나올 리 없다.

그러므로 관리자는 조직의 목표를 실현하기 위해 구성원
의 능력과 적극성을 최대한 동원하면서도 그들의 불만을
최소한도로 줄이고 효율을 극대화하는 경영의 원칙과 비
법을 알고 있어야 한다.

중요한 일은 여러 사람의 지혜를 모아야 한다

"萬室之國, 一人陶, 則可乎?"

"不可, 器不足用也."

"만 가구가 사는 나라에 그릇을 만드는 이가 한 사람뿐이라면 어떻게 되겠는가?"

"안 됩니다. 그릇이 부족할 것이옵니다."

〈고자장구〉 하편 중에서

수만 가구가 사는 곳에 그릇 만드는 이가 한 명뿐이라면 어떻게 될까? 당연히 그 수요를 감당하지 못할 것이다. 이렇게 흔한 생활용품은 집마다 없어서는 안 될 중요한 자원이고, 한 사람의 기술자가 만드는 양으로는 그 수요를 절대 충족시킬 수 없다.

자원을 총괄하고 사무를 배치할 때 기본이자 관건이 되는 원칙은 바로 한 사람에게 모든 걸 의존해서는 안 된다는 것이다. 이 원칙이 지켜지지 않으면 인적 · 물적 자원의 부족이 발생하고, 돌발 상황이 닥쳤을 때 더 큰 문제를 초래할 수 있다.

일을 해결하는 데 정해진 방법은 없다

군 자 역 인 이 이 의   하 필 동
君子亦仁而已矣, 何必同?

군자는 인과 덕의 원칙을 따를 뿐이니, 굳이 그 방법이 서로 같을 필요가 있겠는가?

〈고자장구〉 하편 중에서

여러 사람이 같은 일을 하면 다양한 접근 방법이 만들어질 텐데, 그들에게 굳이 획일적인 방법을 요구할 필요가 있을까? 일을 해결할 때 정해진 방법이 있는 것이 아니므로 같은 방법을 강구할 필요가 없으며, 때로는 유연한 대처가 필요하다.

다만 인품과 덕행이 뛰어난 사람이라면 늘 자신의 명확한 판단기준이 있어야 한다. 요컨대 어떤 일을 할 때, 하는 게 좋은지 또는 안 하는 게 좋은지를 알아야 한다.

작은 일은 태도를 보고, 큰일은 능력을 보라

이 기 소 자 신 기 대 자   해 가 재
以其小者信其大者, 奚可哉?

누군가가 작은 일에 뛰어난 능력을 보였다고 해서 그가 큰일에서도 그럴 거라고
어찌 믿을 수 있겠는가?

〈진심장구〉 상편 중에서

어떤 사람이 작은 일에서 좋은 성과를 보였다고 큰일에
서도 반드시 좋은 성과를 거둘 거라고 믿는 것은 무척 위
험한 발상이다.

물론 우리는 작은 조짐을 보고 전체의 추세를 꿰뚫어 보
는 통찰력도 갖추어야 한다. 하지만 이와 동시에 작은 일
과 큰일은 그 접근법이 엄연히 달라야 한다는 것도 인식
해야 한다. 작은 일은 한 사람의 태도를 보는 데 유용하
고, 큰일은 한 사람의 능력을 시험하는 데 더 적합하다.

말과 행동에 지나침이 없어야 한다

교 자 필 이 정　　이 정 불 행　　계 지 이 노
教者必以正, 以正不行, 繼之以怒.

계 지 이 노　　즉 반 이 의
繼之以怒, 則反夷矣.

가르치는 사람은 말과 행동을 올바르게 하며 정도를 따라야 한다. 행동이 올바르지 않으면 노여움으로 이어지게 된다. 노여움이 계속되면 서로의 관계에 상처를 주게 된다.

〈이루장구〉 상편 중에서

가까운 사이일수록 말을 할 때 이치가 정당하고 설득력이 있어야 한다는 원칙은 더 지키기 힘들고, 과격한 말로 서로에게 상처를 주기 쉽다. 설사 부모라고 할지라도 자식을 말과 행동에 지나침이 없이 엄격하게 가르치는 것은 말처럼 쉬운 일이 아니다.

서로에게 상처를 주지 않고 발전적으로 관계를 유지하려면 상대방에게 의견을 제시할 때 정도를 지키려는 노력이 필요하다.

말 속에 담긴 뜻을 분별할 줄 알라

_{피 사 지 기 소 폐}　　_{음 사 지 기 소 함}
詖辭知其所蔽, 淫辭知其所陷,

_{사 사 지 기 소 리}　　_{둔 사 지 기 소 궁}
邪辭知其所離, 遁辭知其所窮.

편파적인 말을 들으면 그의 어리석고 맹목적인 면이 무엇인지 알아야 하고, 음란한 말을 들으면 그가 어떤 미혹에 빠져 있는지 알아야 하고, 사특한 말을 들으면 그가 올바른 도리에서 얼마나 벗어나 있는지 알아야 하고, 둘러대는 말을 들으면 그가 얼마나 궁지에 몰려 있는지 알아야 한다.

〈공손추장구〉 상편 중에서

터무니없는 말, 미혹하는 말, 위해를 가하는 말, 혐오스러운 말을 판별할 줄 알아야 한다. 동시에 다양한 사람의 입에서 끊임없이 흘러나오는 말 속에서 지혜와 깨우침을 얻을 수 있어야 한다.

책임을 회피하지 말라

왕 무 죄 세   사 천 하 지 민 지 언
王無罪歲, 斯天下之民至焉.

왕께서 흉년의 책임을 제대로 수확하지 못한 한 해의 농사 탓으로 돌리지 않으신
다면 백성이 왕께로 모여들 것입니다.

〈양혜왕장구〉 상편 중에서

살다 보면 일이 기대한 만큼의 성과를 내지 못했을 때
그 원인을 자기 자신에게서 찾지 않고, 바꿀 수 없는 객
관적 요소 탓으로 돌리는 사람들을 흔히 볼 수 있다. 이
것은 일종의 책임 전가이자 회피이다.

물론 객관적 요소가 우리의 행동을 크게 제한할 때도 있
다. 하지만 주관적 요소는 우리가 충분히 제어할 수 있는
영역이다. 그럼에도 한사코 책임을 전가하는 것은 도리
어 주변인의 지지와 신뢰를 잃게 만드는 행위다.

덕으로 사람을 복종시키는 것
역시 힘이 필요하다

_{이 덕 복 인 자   중 심 열 이 성 복 야}
以德服人者, 中心悅而誠服也.

덕으로 다른 사람을 복종시키는 것은 충심을 다해 기쁜 마음으로 성심껏 복종하게 만드는 것이다.

〈공손추장구〉 상편 중에서

다른 사람을 복종시키는 데는 두 가지 방법이 있다. 하나는 인품과 덕성의 힘을 빌리는 것이고, 또 다른 하나는 힘에 의지하는 것이다.

힘에 의지해 다른 사람을 복종시킨다면 표면적인 복종밖에 얻을 수 없다. 이때 상대방은 단지 힘이 부족해 저항하지 못하는 것뿐이다. 인품과 덕성을 바탕으로 마음을 다해 타인을 대해야 비로소 진심 어린 복종을 얻어낼 수 있다.

하지만 주의해야 할 점은, 인품과 덕성으로 타인을 감화시키려면 우선 상대방보다 강한 힘을 가지고 있어야 한다는 것이다. 제갈량은 만왕(蠻王) 맹획(孟獲)을 정복하면서 그를 일곱 번이나 사로잡았다가 일곱 번 다 놓아주었고, 그 결과 맹획은 제갈량에게 진심으로 복종하여 다시는 모반을 일으키지 않았다. 덕으로 사람을 복종시키는 일 역시 힘으로 사람을 복종시키는 것과 결합하여야 더 큰 효과를 일으킨다. 다만 이때 '힘'은 수단일 뿐 목적이 되어서는 안 된다.

문책을 회피하지 말라

왕 고 좌 우 이 언 타
王顧左右而言他.

제(齊)나라 선왕(宣王)이 좌우를 둘러보며 다른 이야기를 했다.

〈양혜왕장구〉 하편 중에서

　'왕이 좌우를 돌아보며 다른 이야기를 했다'라는 말은 곤란한 문제에 부딪혔을 때 말꼬리를 돌리며 회피하는 것을 의미한다.

　친구의 부탁을 진지하게 받아들이지 않는 사람은 계속 친구로 지낼 자격이 없으니 정리해야 하고, 능력과 책임감이 없는 관료는 책임을 물어 파면해야 한다. 그렇다면 군왕이 나라를 제대로 다스리지 못할 때는 어떻게 해야 할까? 이 문제에 대답할 수 없는 군왕이라면 어쩔 수 없이 다른 화제를 꺼내 말을 돌릴 것이다.

　일찍이 2천여 년 전에도 이렇게 책임을 묻는 문제가 거론되었는데, 특히 최고 권력을 가진 사람의 책임과 징벌을 포함한 처벌 문제가 언급되었다는 것 자체가 무척이나 놀랍다.

자신부터 모범이 되어라

오 미 문 왕 기 이 정 인 자 야
吾未聞枉己而正人者也.

나는 지금까지 자신을 굽히고 욕되게 하며 남을 바로 잡았다는 사람에 대해 들어
본 적이 없다.

〈만장장구〉 상편 중에서

　'왕기정인(枉己正人)'은 자기 자신은 바르지 않으
면서 남을 바르게 하려 한다는 의미의 성어다. 자신은 결
점투성이인 데다 삐뚤어지고 형편없으면서 다른 사람을
바로잡고자 한다는 것 자체가 어불성설이다.

　하지만 우습게도 우리 주변을 보면 자신에게는 너그러
우면서 타인에게는 엄격한 잣대를 들이대는 사람들이
있다. 그들은 해박하지 않은 지식으로 남을 가르치려 들
고, 일이 제대로 되지 않으면 모든 잘못을 남 탓으로 돌
린다.

　자신의 문제를 인정하지 않고 모든 잘못을 남에게 돌리
는 것이야말로 실패의 근원이다. 다른 사람이 잘하기를
바란다면 먼저 자신부터 모범이 되어야 한다.

뿌리는 대로 거두게 되어 있다

출 호 이 자　반 호 이 자 야
出乎爾者, 反乎爾者也.

너에게서 나온 것이 너에게로 돌아간다.

〈양혜왕장구〉 하편 중에서

　'출이반이(出爾反爾)'는 맹자가 증자(曾子)의 말을 인용해 자기가 뿌린 씨를 자기가 거두는 것이 세상사의 이치라고 말한 데서 유래했다. 하지만 지금 이 말은 이랬 다저랬다 하거나 언행의 앞뒤가 맞지 않는다는 의미로 바뀌었다.

어쨌든 증자의 이 말은 세상사 모든 일이 양방향으로 상호 연동되어 있어서 상대방에게 원하는 것이 있다면 내가 먼저 그 원하는 것을 해줘야 한다는 뜻을 담고 있다. 이것은 매우 효과적이면서도 도량이 큰 사람만이 할 수 있는 행보다.

실제 행동으로 자신의 신념을 증명하라

君子之所爲, 衆人固不識也.
군자지소위 중인고불식야

군자가 하는 행동은 보통 사람이 이해할 수 있는 것이 아니다.

〈고자장구〉 하편 중에서

어떤 일은 보통 사람이 이해할 수 있는 영역이 아니다. 그래서 소수의 사람만이 진리를 기꺼이 받아들였고, 남들이 가지 않은 길을 갈 때나 그 성공의 이면에는 늘 수많은 비난과 비방이 뒤따랐다.

자신의 신념을 끝까지 밀고 나아가며 실제 행하는 것으로 그 가치를 인정받는 건 절대 쉽지 않은 일인 만큼 더 큰 성취감을 안겨줄 수밖에 없다.

요령을 터득하여 활용하라

"天下惡乎定?"
천 하 오 호 정

"定於一."
정 어 일

"천하가 어찌 안정되겠습니까?"

"통일을 통해 안정될 것이다."

〈양혜왕장구〉 상편 중에서

'정어일(定於一)'은 정치적인 통일을 가리킨다기보
다 철학적인 명제라고 말하는 편이 낫다.

만물의 근본은 하나이고, 그 하나에 정통하면 백 가지를
알 수 있으니 모든 일이 순조롭게 풀린다. 천하를 상대로
그 '하나'를 얻는 것은 바로 현명한 지도자를 얻는 것과
같다.

처세와 사람됨을 논할 때 그 '하나'는 핵심 진리, 잠언으
로 해석할 수 있다. 비결을 파악하고 그것을 융통성 있게
활용해간다면 모든 것이 자연스럽고 순조롭게 풀릴 것
이다.

자신이 먼저 깨우쳐야 남도 깨우칠 수 있다

현 자 이 기 소 소 사 인 소 소
賢者以其昭昭使人昭昭,

금 이 기 혼 혼 사 인 소 소
今以其昏昏使人昭昭.

현명한 사람은 자신이 확실히 이해한 이치로 남을 깨우치려 하는데, 오늘날 어떤 사람들은 자신도 그 이치를 잘 모르면서 남을 깨우치려고 한다.

〈진심장구〉 하편 중에서

현자는 남을 밝은 이치 속으로 이끌고자 할 때 자신이 깨우친 이치를 바탕 삼으나, 우리 주변에는 자신조차 깨우치지 못한 이치로 남을 이끌려는 이가 꽤 있다.

문제는 어리석은 사람일수록 타인이 자신의 말을 듣고 따라주기를 바라고, 무능하고 무지한 사람일수록 자신의 재능과 지식 자랑하기를 좋아한다는 것이다. 게다가 어리석고 무지한 자가 권력을 잡으면 자신과 똑같이 어리석고 무지한 이들로 그 곁을 채우려 든다.

또한 비록 어리석거나 무지하지 않다고 해도 음모에 능하며 도량이 좁고 의심이 많은 자 역시 자신보다 뛰어난 사람을 절대 곁에 두려고 하지 않는다.

내실 없는 말을 경계하라

언 무 실 불 상
言無實不祥.

불 상 지 실   폐 현 자 당 지
不祥之實, 蔽賢者當之.

말에 내실이 없으면 상서롭지 못하다. 이런 상서롭지 못한 결과는 현명하고 능력
있는 사람을 모함하고 은폐한 아첨꾼이 감당해야 한다.

〈이루장구〉 하편 중에서

진실이 아닌 말, 거짓말, 흰소리는 자신뿐 아니라 남을
속이고 해칠 뿐인데, 이것은 의심의 여지가 없는 사실이
다. 그런 말들은 그 말을 즐기는 사람과, 그들을 통해 얻
을 수 있는 실리가 있기 때문에 시작된다. 그러다 거짓말
이 거짓말을 낳고, 결국 영원히 돌이킬 수 없는 결과를
필연적으로 초래한다.

맹자의 흥미로운 설법은 이런 결과에 대한 책임을 자기
보다 현명하고 능력 있는 사람을 시기한 자가 져야 한다
는 것이다. 거짓말을 하고 타인의 능력을 시기하고 질투
하는 자가 어떻게 현명하고 능력 있는 이를 눈엣가시처

럼 여기지 않겠는가? 그들에게 뛰어난 능력의 소유자는 그저 모함하고 제거해야 할 대상일 뿐이다.

이런 사람은 지금 이 순간에도 우리 주변 곳곳에 숨어 있으니 늘 경계심을 늦추지 않아야 한다.

낯선 분야에 관해 왈가왈부하지 말라

금 유 박 옥 어 차　수 만 일
今有璞玉於此, 雖萬鎰,

필 사 옥 인 조 탁 지
必使玉人雕琢之.

여기에 박옥이 있다면 그 자체로도 이미 아주 귀하지만, 역시나 전문적으로 옥을
다루는 장인을 불러 다듬고 조각해야 더 완벽하게 만들 수 있습니다.

〈양혜왕장구〉 하편 중에서

전문적인 일은 그 분야 전문가의 손에 맡겨야 한다. 비
전문가가 함부로 나서서 왈가왈부하면 도리어 일을 그르
칠 수 있다. 자신의 한계를 무시한 채 옥석 장인에게 옥을
조각하는 법을 가르치려 한다면 그야말로 공자 앞에서 문
자를 쓰는 격이다. 낯선 분야에 대해 함부로 왈가왈부하
지 않는 것도 일종의 수양이자 지혜이다.

객관적으로 말해서 전문가와 비전문가는 각각의 장단점
을 가지고 있다. 전문가는 그 분야에서 뛰어난 능력을 갖
추고 있다. 하지만 한 분야의 전문가라고 해서 관련 분야
를 통합해 장기적 영향력을 분석하고 전략을 세우는 일

에 모두 능한 것은 아니다. 따라서 자신의 결점을 정확히 파악하고 늘 겸허한 자세로 인내할 때 양자의 상호보완을 할 수 있다.

솔직하지 않으면 신임을 얻을 수 없다

君子不亮, 惡乎執?
군자불량 오호집

군자가 솔직하지 못하면 무슨 일을 제대로 집행할 수 있겠는가?

〈고자장구〉하편 중에서

사람과 사람 사이에는 상호 이해와 신뢰가 필요하다.
조직의 리더에게 공신력이 없으면 신임을 얻을 수 없고,
대중의 요구·바람·고통·두려움을 알지 못하면 더는 그
자리에 머물 이유가 없다.
처세의 핵심은 솔직함이다. 솔직한 태도와 신임, 이해가
없다면 다른 것은 말할 필요조차 없다.

독립적이고 자체적인
관찰과 판단이 필요하다

<ruby>國<rt>국</rt></ruby><ruby>人<rt>인</rt></ruby><ruby>皆<rt>개</rt></ruby><ruby>曰<rt>왈</rt></ruby><ruby>不<rt>불</rt></ruby><ruby>可<rt>가</rt></ruby>, <ruby>然<rt>연</rt></ruby><ruby>後<rt>후</rt></ruby><ruby>察<rt>찰</rt></ruby><ruby>之<rt>지</rt></ruby>. <ruby>見<rt>견</rt></ruby><ruby>不<rt>불</rt></ruby><ruby>可<rt>가</rt></ruby><ruby>焉<rt>언</rt></ruby>, <ruby>然<rt>연</rt></ruby><ruby>後<rt>후</rt></ruby><ruby>去<rt>거</rt></ruby><ruby>之<rt>지</rt></ruby>.

나라 사람이 모두 안 된다고 한다면 그를 살펴야 하고, 그가 정말 안 된다는 것을 확인한 후에 버려야 합니다.

〈양혜왕장구〉 하편 중에서

주변에 있는 많은 사람이 어떤 사람을 험담하면 그에게 느끼는 호감을 끝까지 유지하기가 힘들어진다. 심지어 선입견이 생겨버려 그를 멀리하는 일까지 생겨버린다. 이런 식으로 사람을 평가하고 멀리한다면 자칫 좋은 사람을 놓치는 실수를 범하기 쉽다. 가장 올바른 방법은 다른 사람의 의견을 듣는 동시에 자기 나름의 관찰 역시 하는 것이다.

의사결정에 앞서 객관적 정확도를 높이려면 다른 사람의 조언을 듣는 것도 중요하지만 자체적으로 그 사람을 평가하고 판단하는 노력 역시 수반되어야 한다. 인사와 업무뿐 아니라 사람됨과 처세 역시 마찬가지다.

사람의 마음에는 차이가 있다

심 지 소 동 연 자 하 야   위 리 야   의 야
心之所同然者何也? 謂理也, 義也.

사람의 마음이 다 같이 옳다고 여기는 것은 무엇인가? 하나는 이치요, 다른 하나
는 원칙이다.

〈고자장구〉 상편 중에서

사람의 마음이 다 같이 옳다고 여기는 것은 이치와 원
칙이다. 그러나 마음에도 다른 면이 있으니, 바로 이익과
욕망이다.

세상의 모든 일에는 서로 같거나 비슷한 면이 있지만, 또
한편으로는 서로 다르고, 모순되고, 배척하는 면도 있다.
다시 말해서 개별성·차이성·차별성을 가지고 있는 동
시에 공통성·통일성·보편성도 존재한다고 할 수 있다.

눈을 통해 마음을 투시하라

존호인자　막량어모자　모자불능엄기악
存乎人者, 莫良於眸子. 眸子不能掩其惡.

사람을 살피는 데 그의 눈을 보는 것만큼 확실한 것이 없다. 눈은 한 사람의 나쁜 생각이나 악함을 가리지 못한다.

〈이루장구〉 상편 중에서

한 사람을 관찰할 때 그의 눈을 잘 살펴야 한다. 눈빛은 사람의 나쁜 마음을 가리지 못한다. 마치 수사심리학에나 나올 법한 말 같지만, 이리저리 두리번거리고 시선이 흔들리는 사람은 분명 정직한 느낌을 주지 못한다. 이것은 한 사람을 판단할 때 많은 사람이 공감하는 가장 확실한 증거라고 할 수 있다.

물론 눈, 눈동자, 속눈썹, 라인 등은 화장이나 성형을 통해 다양하게 변화를 줄 수 있겠지만 눈빛만큼은 그 어떤 외적 요소로도 감출 수 없다. 그렇기에 통찰력 있는 사람은 눈빛의 작은 변화를 감지해 상대의 마음을 투시하기도 한다.

자기 나름의 판단을 가져라

상유호자　　하필유심언자의　군자지덕　풍야
上有好者, 下必有甚焉者矣. 君子之德, 風也.
소인지덕　　초야　　초상지풍필언
小人之德, 草也. 草尚之風必偃.

윗자리에 있는 사람이 좋아하는 것이 있으면 아래 있는 사람도 반드시 그것을 더
좋아하게 된다. 군자의 공덕은 바람과 같고, 소인의 공덕은 풀과 같다. 바람이 어
떻게 불든지 풀은 그에 따라 눕게 마련이다.

〈이루장구〉 상편 중에서

윗자리에 있는 사람이 좋아하는 것이 있으면 아래 있
는 사람도 반드시 그것을 더 좋아하게 된다. 위에 있는 사
람은 풍향, 풍력을 스스로 결정할 수 있으나, 아래 있는 사
람은 그것을 따라 이리저리 흔들릴 뿐이다. 전자가 주동
적이라고 한다면 후자는 수동적으로 따를 수밖에 없다.
이 말을 깊이 음미하다 보면 왠지 모르게 우울해지는 것
도 사실이다. 기실 우리 대다수는 자신의 주견 없이 자기
보다 잘난 사람들의 의견과 주장에 휩쓸리는 경향을 보
인다. 이럴 때 자신만의 주관과 판단력을 가지고 있다면
그 자체만으로도 무척 대단한 것이다.

잔꾀는 자기 자신을 죽일 수 있다

기 위 인 야 소 유 재
其爲人也小有才,

미 문 군 자 지 대 도 야
未聞君子之大道也,

즉 족 이 살 기 구 이 이 의
則足以殺其軀而已矣.

어떤 사람에게 약간의 재능이 있다 해도 군자의 큰 도를 알지 못한다면 그 작은 재
능과 총명함이 바로 그 자신을 죽일 수도 있다.

〈등문공장구〉 상편 중에서

성현들은 군자의 도를 알지 못하고, 특히 도덕적 예의
를 따지지 않는 사람이라면 잔머리를 굴리고 잔꾀를 부
리는 것보다 차라리 조금 어리석은 편이 낫다고 여겼다.
바보스러워 보이지만 지혜가 많고 똑똑한 사람이 작은
재주로 지혜로워 보이는 척하는 사람보다 훨씬 낫다.
잔머리, 잔재주를 드러내는 것이 언뜻 능력 있는 사람처
럼 비칠 수도 있다. 하지만 그것만 믿고 그들에게 중요한
일을 맡기면 도리어 일을 그르치고 자신뿐 아니라 남도
해칠 가능성이 커진다.

八章

나만의 원칙으로 교류한다

남을 사랑할 줄 아는 사람이
타인의 사랑도 받는다

仁者愛人, 有禮者敬人.

愛人者, 人恆愛之.

敬人者, 人恆敬之.

어진 사람은 남을 아끼고 사랑할 줄 알고, 예를 갖춘 사람은 남을 존경할 줄 안다. 남을 사랑할 줄 아는 사람은 남도 그를 사랑하고, 남을 공경할 줄 아는 사람은 남도 항상 그를 공경한다.

〈이루장구〉 하편 중에서

내가 어떤 태도로 타인을 대하느냐에 따라 타인이 나를 대하는 태도가 결정된다. 타인의 사랑과 존경을 받기 위한 가장 좋은 방법은 바로 나 자신부터 그렇게 하는 것이다.

이것은 지극히 간단한 이치지만, 사람들이 자주 거스르는 실수 중 하나이기도 하다.

교류의 바탕은 상호 존중이다

기 교 야 이 도   기 접 야 이 레
其交也以道, 其接也以禮.

사람과 사람 사이의 교류는 정도에 부합해야 하고, 서로 간의 접대도 예법에 맞아
야 한다.

〈만장장구〉하편 중에서

선물을 받는 것도 일종의 교제이다. 이 과정에서 도(道)
와 예(禮)가 가장 중요하다. 서로 알고 지낼 때 서로에게
요구하는 것은 정도(正道)이며, 불법적이고 비도덕적이
거나 사악한 목적과 수단이 아니다.

선물을 주고받는 것은 모두 예법에 부합해야 한다. 이때
의 핵심은 서로를 존중하는 것이다. 양쪽의 교류가 정도
를 따르고, 상호 예법으로 대하는 것이 바로 처세의 도다.

존중심으로 상대를 공손히 대하라

감문교제하심야
"敢問交際何心也?"

공야
"恭也."

"감히 묻겠습니다. 교제는 어떤 마음가짐으로 해야 합니까?"

"그를 존중하는 마음으로 하는 것이 중요하다."

〈만장장구〉 하편 중에서

일상적인 교류 과정에서 어떤 마음가짐으로 상대를 대해야 할까? 당연히 공손하고 존중하는 마음을 가져야 한다.

관계가 친숙한 사이라면 사적으로 허물없이 지낸다고 해서 문제 될 것이 전혀 없다. 하지만 공적인 장소와 낯선 사람들이 함께하는 곳이라면 반드시 예를 갖춰야 타인에게 좋은 인상을 남길 수 있다.

교류 과정에서 주의해야 할 기본 예법은 학습을 통해 몸에 배게 만들어야 하고, 그에 앞서 마음속으로부터 우러나는 공경과 존중이 뒷받침되어야 한다.

예절은 태도로 드러난다

고국의 땅을 떠날 때는 천천히 걸어가야 하느니, 이것은 부모의 나라를 떠나기 아쉬워하는 마음을 드러내는 도리다.

〈진심장구〉 하편 중에서

고국의 땅을 떠날 때는 천천히 걸어가야 하는데, 이는 부모의 나라를 떠나기 아쉬워하는 마음을 드러내는 태도다. 같은 맥락이다. 사교의 장소에서는 상황마다 다른 태도를 보이는 것이 일종의 예의다.

때로는 한 번의 간단한 악수일지라도 태도와 시간에 따라 자신의 개성을 드러내거나, 상대방에게 각기 다른 인상을 심어줄 수 있다.

물론 우리는 그것에 근거해 상대방의 개성을 이해하고, 교류의 주도권을 쥘 수도 있다.

허울뿐인 예의를 구분하라

비 례 지 례　비 의 지 의　　대 인 불 위
非禮之禮, 非義之義, 大人弗爲.

예가 아닌 예와 의가 아닌 의를 대인은 행하지 않았다.

〈이루장구〉 하편 중에서

예(禮)라는 이름으로 만들어진 격식과 예의가 모두
예법의 원칙과 요구에 딱 맞아떨어지는 것은 아니다. 의
(義)의 명목으로 만들어진 도리와 설법이 모두 정의의 원
칙과 요구에 맞는 것도 아니다. 그래서 군자는 예가 아닌
예와 의가 아닌 의는 행하지 않았다.

많은 이가 예의 명목으로 예가 아닌 것을 행하고, 의의
이름을 내걸고 의가 아닌 일을 행한다.

예의가 아닌 것들은 거짓·허위·위선의 내용을 담고 있
고, 언제라도 기회를 틈타 허울 좋은 명목을 내걸고 존재
할 수 있다. 군자는 예와 의를 행하는 데서 겉과 속이 같
다. 속마음을 숨긴 채 겉으로만 예의를 갖추는 것은 위선
에 지나지 않는다.

194

공경 속에 진심을 담아라

恭敬而無實, 君子不可虛拘.

표면적으로만 공경하고 진심이 없다면 군자는 이 허례허식의 구속에 헛되이 머무르지 않는다.

〈진심장구〉 상편 중에서

모든 예법은 공경이 그 바탕을 이르고 있어야 한다. 공경의 마음이 없으면 설사 모든 면에서 모자라지 않게 격식을 갖추었다 해도 인성, 도덕, 예법의 요구에 맞아떨어지지 않으니 본보기로 삼을 가치가 없다.

지금 사회는 너무 시장 위주로 실익만을 따지며 걸핏하면 자신을 굽혀 이익과 발전을 도모하는 풍조에 물들어 있다. 우리는 실익을 위해 모욕과 불의를 참고, 자신의 업적·지위·권세를 위해 타인을 공경해야 한다는 사실을 잊는다. 타인을 공경하는 행위 안에는 진심을 담아야 하고, 이와 더불어 타인에게서 꼭 필요한 공경을 얻어내야 한다.

타인에게 호의를 베풀어라

군 자 막 대 호 여 인 위 선
君子莫大乎與人爲善.

군자에게 남을 도와 선을 행하도록 하는 것만큼 위대한 일은 없다.

〈공손추장구〉 상편 중에서

군자에게 타인을 적대시하지 않고 호의를 베풀며 그들과 함께 공동의 선을 행하는 것만큼 위대한 일은 없다고 했다. 선을 행하고 덕을 베풀며 서로의 장점을 취하는 것은 개인의 성숙과 조화로운 사회를 만들기 위한 과정이다.

타인과 함께 공동의 선을 행하는 문제는 사람과 사람의 관계뿐 아니라 나아가 세상인심이 선을 향할 것인지, 악을 향할 것인지를 결정짓는 요소다. 도덕적 경향은 개인의 선택이 아니라 사회 집단의 상태와 연관되어 있다. 그래서 우리는 그것을 세도인심, 세상인심이라고 말한다. 세도(世道), 즉 사회 풍조가 인심을 결정짓는다. 사회의 조화는 그 구성원의 선의를 통해 만들어진다.

교제의 폭을 넓히라

군 자 지 액 어 진 채 지 간   무 상 하 지 교 야
君子之厄於陳蔡之間, 無上下之交也.

공자가 진나라와 채나라 사이에서 곤욕을 치른 것은 그가 그 나라의 군신과 교류가 없었기 때문이다.

〈진심장구〉 하편 중에서

'공자가 진나라와 채나라 사이에서 곤욕을 치른 것은 그가 그 나라의 군신과 교류가 없었기 때문이다'라는 말을 통해 맹자가 공적 관계의 필요를 부정하지 않는다는 것을 알 수 있다.

현대 사회에서 교제의 폭을 넓히고, 공적인 관계의 협력과 조화를 이루는 것은 개인과 기업의 발전을 위해 꼭 필요한 일환이자 치열한 경쟁에 대처하기 위한 적응 수단이기도 하다.

언제까지나 순풍에 돛단 듯 순조롭게 살 수 있는 사람은 아무도 없다. 불리한 환경 속에서도 광범위하게 교류의 폭을 넓혀라. 그 관계가 우리에게 생기를 불어넣어줄 것이다.

함께 즐기며 건강한 인간관계를 만들어라

"獨樂樂, 與人樂樂, 孰樂?"

"不若與人."

"與少樂樂, 與衆樂樂, 孰樂?"

"不若與衆."

"음악을 혼자서 들으며 즐기는 것과 여러 사람과 함께 들으며 즐기는 것 중 어느 것이 더 즐겁습니까?"

"다른 사람과 함께 듣는 것만 못하네."

"적은 사람과 함께 음악을 들으며 즐기는 것과 많은 사람과 함께 음악을 즐기는 것 중 어느 것이 즐겁습니까?"

"여럿이 함께 듣는 편만 못하네."

〈양혜왕장구〉 하편 중에서

맹자가 양혜왕에게 음악을 혼자서 즐기는 것과 여러 사람과 함께 즐기는 것 중 어느 것이 더 즐거우냐고 묻자, 왕은 혼자 음악을 즐기는 것보다 여러 사람과 함께 즐기는 편이 더 낫다고 대답했다. 이때 맹자는 왕에게 백성과 즐거움을 함께하는 '여민동락(與民同樂)'을 행하면 왕도 정치를 할 수 있다고 말했다.

하버드대학교의 한 연구조사에 따르면, 좋은 인간관계는 우리를 더 즐겁고 건강하게 만들어준다. 여러 사람과 함께하며 즐기는 행위는 가족, 친구, 동료, 사회 그리고 자신을 하나로 연결해 좋은 인간관계로 나아가도록 해주는 다리 역할을 한다.

혼자만의 세상에 갇힌 사람은 갈수록 세상과 단절되어 정신이 더 예민해지고, 주변 사람과 잘 지내기 힘들어지는 끔찍한 악순환을 만들어낸다. 다른 사람과 함께하며 즐기는 것은 이런 악순환의 고리를 끊어낼 아주 효과적인 방법이다. 웃음도 전염된다는 말처럼 여러 사람과 함께 어울리는 곳에서 함께 웃다 보면 삶에 활기가 생기고 건강한 인간관계를 만들 수 있다.

남에게 손해를 끼치면서
이로운 일을 하지 말라

금 오 자 이 인 국 위 학　수 역 행 위 지 홍 수
今吾子以鄰國爲壑. 水逆行謂之洚水.

지금 그대는 이웃 나라를 큰 골짜기로 삼고 있소. 물이 역류해 흐르는 것을 홍수라
고 하오.

〈고자장구〉 하편 중에서

"지금 그대는 이웃 나라를 큰 골짜기로 삼고 있소."

이 말은 이웃 나라를 방패막이로 삼아 홍수를 일으킨다
는 말로, 곤란한 일이나 재앙을 남에게 전가하는 것을 의
미한다.

나와 타인, 나와 이웃을 다루는 문제에서 다양한 표현방
식이 존재한다. 첫 번째는 자신을 위하지 않고 오로지 남
을 이롭게 해야 한다는 것이다. 두 번째는 처치를 바꿔
생각하고, 자신이 하기 싫은 것을 남에게 강요하지 않으
며, 자신이 하고자 하는 바를 남이 먼저 이루게 하는 것
이다. 이것은 유가의 의견이다. 세 번째는 일하기 싫어하
고 안일을 좋아하는 백성을 단속해야 한다는 법가의 주

장이다. 네 번째는 신에게 자신의 한쪽 눈을 줄 테니 이
웃의 두 눈을 잃게 만들어달라고 기도하는 것으로, 인도
의 민간 고사에서 나온 말이다.

말하는 방식은 다 다르지만 한 가지 분명한 사실은 이웃
을 골짜기로 삼아 남에게 손해를 입히고 자신의 이익만
챙기면 안 된다는 것이다.

벗을 사귈 때 실리를 따지지 말라

우 야 자   우 지 덕 야   불 가 이 유 협 야
友也者, 友其德也, 不可以有挾也.

벗을 사귄다는 것은 상대방의 덕행이 마음에 들어서이며 그의 조건 때문이 아니다.

〈만장장구〉 하편 중에서

벗을 사귈 때는 실리를 따질 것이 아니라 재능과 덕을 겸비한 사람을 만나 그를 본받으려고 노력해야 한다.

벗을 사귀는 것은 학습효과를 높이고, 자신의 내실을 다지며, 시야를 넓힌다는 좋은 장점이 있다. 또한 자신의 미래를 개척하고, 역량을 키우는 데도 유리하다.

여기서 말하는 벗과의 교류는 서로의 덕행을 마음에 들어 하는 전제하에 이루어져야 하는데, 어느 한쪽의 조건을 보고 실리를 따져 만들어지는 관계가 아니다.

지나친 행동은 삼가라

중 니 불 위 이 심 자
仲尼不爲已甚者.

공자께서는 과분한 일을 행한 적이 없었다.

〈이루장구〉 하편 중에서

사람을 대하고 일을 처리할 때 지나친 행동은 삼가야 한다. 삶의 태도 역시 이와 다르지 않아서 정도에 지나치지 않고 정직하고 공정할수록 좋다. 어떤 일은 너무 과하게 선을 그으면 도리어 선회의 여지가 없어진다.

특히나 사람에 대한 책망 혹은 처벌은 적정선에서 멈출 줄 알아야 한다. 지나치게 공격적이면 아무리 좋은 의도였을지라도 도리어 역효과를 내며 상대의 원망과 분노를 초래할 수 있다.

이간질, 비방, 무고를 일삼지 말라

언 인 지 불 선 당 여 후 환 하
言人之不善, 當如後患何?

항상 남의 나쁜 점을 말한다면 그 후환을 어떻게 감당할 것인가?

〈이루장구〉 하편 중에서

타인을 조롱, 비방하는 사람은 똑같이 조롱과 비방을 당할 것이고, 타인을 돕고 사랑하는 사람은 똑같이 다른 사람으로부터 도움과 사랑을 받을 것이다.

우리 주위에는 이간질, 비방, 무고를 밥 먹듯이 하는 사람이 제법 존재한다. 재능이 없고 쓸모없는 파렴치한일수록 이런 식으로 자기 삶의 방식을 바꾼다.

너무 깊이 파고들면 도리어 반감을 불러온다

所惡於智者, 爲其鑿也.
소 오 어 지 자 위 기 착 야

지나치게 지혜로운 사람에게 반감을 갖는 이유는 그들이 너무 파고들기 때문이다.

〈이루장구〉 하편 중에서

사람들이 어떤 일에 관해 말하고자 하는 것은 자연스러운 일상의 하나일 뿐이다. 우(禹) 임금이 물을 흐르게한 것은 자연의 이치에 따라 흐르게 한 것이니 물 흐르듯 자연스럽게 현실에 순응하고 행하면 그 흘러가는 본성을 깨우칠 수 있다.

때때로 사람들은 지나치게 지혜로운 사람에게 반감을 갖는다. 천하의 이치는 본래 순응하는 것인데 그들은 지나치게 집착하며 파고들어 도리어 본질을 잃어버린다.

과격함과 경박함을 피하라

_{애 여 불 공   군 자 불 유 야}
隘與不恭, 君子不由也.

편협함과 경박함은 모두 군자의 도가 아니다.

〈공손추장구〉 상편 중에서

속좁게 어려운 일을 포용하지 못하면 경직된 태도 때문에 사람들과 잘 지내기 어려워지고 임기응변의 부재로 난처한 상황에 빠질 수 있다.

한사코 타인을 부정하고 자신 외에 아무것도 안중에 없다면, 결국 외톨이로 전락하고 만다. 마찬가지로 무슨 일이든 불성실하고 안일하게 대처하면 신뢰를 잃게 된다. 그러므로 이 두 가지는 모두 경계해야 한다.

타인의 반응에 너무 얽매이지 말라

<ruby>人<rt>인</rt></ruby><ruby>知<rt>지</rt></ruby><ruby>之<rt>지</rt></ruby>, <ruby>亦<rt>역</rt></ruby><ruby>囂<rt>효</rt></ruby><ruby>囂<rt>효</rt></ruby>. <ruby>人<rt>인</rt></ruby><ruby>不<rt>부</rt></ruby><ruby>知<rt>지</rt></ruby>, <ruby>亦<rt>역</rt></ruby><ruby>囂<rt>효</rt></ruby><ruby>囂<rt>효</rt></ruby>.

다른 사람이 알아주면 즐겁고 편안히 공감하고, 다른 사람이 알아주지 않아도 얽매이지 않는다.

〈진심장구〉 상편 중에서

'효효(囂囂)'는 즐겁고 편안하며 근심, 걱정이 없는 마음을 가리킨다. 다른 사람이 자신의 말을 듣고 인정해주면 즐겁게 공감하고, 이해해주지 않는다 해도 얽매이지 않아야 한다. 전자는 실천하기 쉬울지 몰라도 후자는 상당한 노력이 필요하다.

다른 사람이 자신을 이해해주지 못하면 마음속에 먹구름이 끼고, 그것을 걷어내는 일은 절대 쉽지 않다. 타인을 이해하기도 어려운데, 타인이 이해해주기를 바라는 일은 더 어렵다. 이런 이치를 이해한다면 타인의 반응에 얽매이는 일도 크게 줄일 수 있다.

시기와 질투를 받지 않으면
평범한 재주에 불과하다

인 지 유 덕 혜 술 지 자   항 존 호 진 질
人之有德慧術知者, 恆存乎疢疾.

덕행, 지혜, 기술, 지식을 갖춘 사람은 늘 힘든 질병 속에 있었던 자이다.

〈진심장구〉 상편 중에서

덕행, 지혜, 기술, 지식을 갖춘 사람은 늘 벗어나기 힘든 재앙 속에 살았던 이들이다. 이런 힘든 과정이 그들을 단련시켰기에 훌륭한 덕행, 지혜, 기술, 지식이 만들어질 수 있었다.

하지만 덕행, 지혜, 기술, 지식이 깊어질수록 갖가지 일에 연루되어 질투와 시기를 피하기 힘들어지는 것도 사실이다.

덕행, 지혜, 기술, 지식이 필연적으로 질투와 재앙을 불러일으키다 보니 시기와 질투를 받지 않으면 평범한 재주에 불과하고, 덕행을 쌓으려 해도 주변의 유혹과 비방이 앞을 가로막아 좋은 사람이 되기 힘들다는 말이 나올 정도다.

비난을 두려워하지 않는 자신감을 가져라

士憎玆多口.

선비는 더 많은 비난을 받게 마련이다.

〈진심장구〉 하편 중에서

사람들은 제멋대로 지껄이는 그런 부류를 싫어한다. 사람이라면 누구나 실수를 하게 마련이고 억울한 마음이 들 때도 있다. 또한 한때는 물론 평생 이해받지 못하는 면도 가지고 있다. 위대한 인물일수록 생각을 달리하는 사람들과의 대립각이 없을 수 없다.

품성과 덕행이 뛰어난 삶을 살려면 과감해야 하며, 소인배들의 말에 억울함을 호소하거나 원망을 품고 자신의 명예가 실추될까 봐 걱정해선 안 된다.

또한 자신의 명예에 먹칠하는 소인배들의 공격을 피할 수 없는 과정으로 인식하고, 내 몸이 바르면 그림자가 비뚤어져도 두려워하지 않는다는 자신감을 가져야 한다.

모든 사람을 기쁘게 해줄 사람은 없다

每人而悅之, 日亦不足矣.
<small>매 인 이 열 지　일 역 부 족 의</small>

모든 사람을 기쁘게 해주려면 온종일 수레로 강을 건너게 해주어도 부족할 것이다.

〈이루장구〉 상편 중에서

한 가지 일을 할 때 아무리 멀리 내다보며 주도면밀하게 계획해도 모든 사람을 만족시킬 수 없으니, 가능한 한 많은 사람을 만족시키는 것으로 충분하다.

모든 사람을 만족시키려고 든다면 주된 취지와 상관없는 사소한 문제가 대세에 영향을 미쳐 결국 그 무엇도 이루지 못할 것이다.

그러니 누군가는 불만을 드러낼 수 있음을 인정해야 한다. 그래야 남에게 미움을 받을까 봐 전전긍긍하며 사소한 일에 얽매이지 않을 수 있다. 모든 사람을 만족시키려 들면 정신없이 수고롭기만 할 뿐 결국 아무도 만족시킬 수 없다.

잘못을 지적해주었다면 마땅히 기뻐하라

인 고 지 이 유 과   즉 희
人告之以有過, 則喜.

다른 사람이 잘못한 것이 있다고 지적해주면 기뻐했다.

〈공손추장구〉 상편 중에서

❧

다른 사람이 잘못을 지적해주었다면 낙심하거나 수치스러워하지 말고 도리어 기뻐해야 마땅하다.

왜 기뻐해야 마땅할까? 첫째, 당신의 부족한 점을 고치고 개인의 수양과 경지를 더 높일 수 있기 때문이다. 둘째, 상대방이 당신의 잘못을 직접적으로 지적해주는 자체가 당신을 긍정적으로 보고 있다는 방증이다.

유감스럽게도 우리 주변에는 이런 사람이 너무 적다. 잘못을 지적당하고도 기뻐할 수 있어야 비로소 자신을 더잘 이해하고, 나아가 발전시킬 수 있다.

진심과 성의는 처세의 근본이다

지 성 이 부 동 자　미 지 유 야
至誠而不動者, 未之有也.

불 성　미 유 능 동 자 야
不誠, 未有能動者也.

지극히 정성스러운데 감동하지 않을 사람이 없고, 정성스럽지 않고서야 감동할 사람이 없다.

〈이루장구〉 상편 중에서

'**지극히** 정성스러운데 감동하지 않을 사람이 없고, 정성스럽지 않고서야 감동할 사람이 없다.'

이 말을 읽음으로써 우리는 진심과 성의가 상대방을 감동시키기 위한 필수 조건임을 알 수 있다.

지금 사회에서 진심과 성의는 처세의 근본이다. 거짓과 속임수로 일시적 이익을 도모할 수 있을지 모르지만, 일단 그 행위가 들통나면 그 사람은 모두의 기피 대상이 될 것이다.

말과 행동이 일치해야 한다

所求於人者重, 而所以自任者輕.

다른 사람에게 요구하는 것은 많으면서 자신에게 요구하는 것은 너무 적다.

〈진심장구〉 하편 중에서

언행의 일치는 일종의 미덕이자 경지이다.

그렇지만 말하는 것은 행동하는 것보다 쉬우므로 언행의 일치가 쉽지 않다. 특히 심신을 수양하는 말, 남을 가르치려는 말, 선의로 남을 돕는 말은 말뿐만 아니라 행동이 뒤따라야 비로소 그 가치가 더해질 수 있다.

한 번 내뱉은 말은 되돌릴 수 없다

人之易其言也, 無責耳矣.

사람이 말을 함부로 쉽게 하는 것은 책임을 추궁받지 않기 때문이다.

〈이루장구〉 상편 중에서

'**말을** 함부로 내뱉는다(人之易其言也)'는 구절은 개인적인 책임 문제와 관련되어 있다. 한 번 뱉은 말은 다시 주워 담을 수 없기 때문이다. '책임을 추궁받지 않기 때문(無責耳矣)'이라는 구절은 언론의 자유 문제와 연관되어 있다. 법률적 관점에서 보면 논점과 견해를 바꾸는 것에는 어느 정도 관용과 포용성을 견지해야 한다. 다만 유감스럽게도 자신의 논점과 말을 경솔하게 바꾸는 사람들은 늘 타인에게 신뢰할 수 없는 인상을 준다.

위선자를 단호히 배척하라

광 자 진 취　　　견 자 유 소 불 위 야
狂者進取, 狷者有所不爲也.

광자는 진취성이 있고, 견자는 하지 않는 바가 있다.

〈진심장구〉 하편 중에서

사람들은 인정과 도리에 맞고, 안정적이며 성숙한 사람을 좋아하지만 이런 조건에 걸맞은 사람은 그리 많지 않다. 그래서 우리는 덜 성숙하고 개성이 강하고 과격한 사람과 사귈지언정 교활하고 거짓으로 가득 찬 사람과는 교류하지 않고, 결점이 있는 사람과 사귈지언정 속을 알 수 없는 위선자와 상대하기는 원하지 않는다.

뜻이 높은 자(狂者)든 자기 뜻을 절대 꺾지 않는 자(狷者)든 그들은 우리가 배척할 대상이 아니다. 전자는 큰소리를 치고, 후자는 무리와 맞지 않는 단점이 있다. 하지만 그들은 모두 진취적이고 처음 먹은 생각을 바꾸지 않는다. 이런 사람들은 설사 결함이 있다 해도 항상 어떤 기대와 희망을 가져다준다.

남에게 스승 노릇을 하지 말라

人之患在好爲人師.
인 지 환 재 호 위 인 사

사람의 병폐는 스승 되기를 좋아하는 데 있다.

〈이루장구〉 상편 중에서

반드시 깨달아야 하는 것은 남의 스승 노릇 하기를 좋아하는 병폐가 오래도록 계속되면 우월감이 생기게 되고, 남의 부족한 점만 볼 뿐 자신의 부족한 점은 보지 못하게 된다는 사실이다.

도리에 맞으면 용서해야 한다

今之與楊, 墨辯者, 如追放豚,
既入其苙, 又從而招之.

지금 양주(楊朱), 묵적(墨翟)의 학설을 추종하는 자들과 말다툼을 벌이는 자들은 도 망간 돼지를 쫓는 것과 같으니, 그 돼지가 우리로 들어왔는데도 발을 묶는다.

〈진심장구〉 하편 중에서

어떤 사람은 남의 주장을 반박할 때 먼저 유리한 고지 를 점령한 후 잃어버린 새끼 돼지를 찾아내 우리로 몰아 넣듯이 한다. 심지어 돼지우리로 몰아넣는 것으로 끝나 지 않고, 그 돼지의 발까지 묶으려 한다. 이런 행동은 누 가 봐도 지나치다.

도리로 사람을 복종시키고, 솔직한 태도를 보이며, 이치 에 맞게 관용을 베풀어야 한다. 한사코 남의 잘못을 들추 어내고 빈틈을 찾아내 공격하기만 하면 도리어 속 좁은 인상밖에 남길 수 없다.

九章

가족에 대한 책임감을 키운다

보통 사람의 세 가지 즐거움

父母俱存, 兄弟無故, 一樂也.
<small>부모구존 형제무고 일락야</small>

仰不愧於天, 俯不怍於人, 二樂也.
<small>앙불괴어천 부부작어인 이락야</small>

得天下英才而敎育之, 三樂也.
<small>득천하영재이교육지 삼락야</small>

부모가 다 살아 계시고 형제가 무고한 것이 첫 번째 즐거움이요, 하늘을 우러러 부
끄러움이 없고 고개를 숙여 사람들에게 부끄러울 게 없는 것이 두 번째 즐거움이요,
천하의 걸출한 인재를 모아놓고 그들을 가르칠 수 있는 것이 세 번째 즐거움이다.

〈진심장구〉 상편 중에서

부모가 다 건강하게 살아 계시고, 형제자매가 무탈하
게 평안한 것만큼 행복한 일도 없다. 그다음으로 자신의
사람 됨됨이, 도의, 덕행을 중시하고 부끄러움이나 후회
없이 자기만족적인 삶을 사는 것이 중요하다. 이것은 지
식인들의 자기 구원, 자신감의 원천이다. 인재를 얻는 것
은 자신의 응집력과 공신력을 드러내 주는 일이다. 이와
더불어 그들을 가르치는 것은 자신의 실력을 방증하고,
장기적으로 광범위한 영향력을 낳을 수 있으니 당연히
만족스러운 일이다.

감정은 가장 귀중한 재산이다

貴, 人之所欲, 貴爲天子, 而不足以解憂.
<small>귀 인지소욕 귀위천자 이불족이해우</small>

고귀함은 사람들이 모두 바라는 바이지만 설사 천하의 지위까지 올라 고귀해진다
해도 여전히 해소할 수 없는 근심이 있다.

〈진심장구〉 상편 중에서

가족 구성원, 특히 친자 간의 정은 인간에게 있는 모든
감정의 초석이다.

세상에는 이런 감정상의 반응을 중요하게 생각하지 않
는 사람이 너무 많다. 그들은 사회, 직업, 정치, 학문의 세
계에 갇혀버린 채 가정생활로부터 오히려 소외되었다.
그들의 어린 시절 기억, 감정, 순수한 마음은 시간이 흐
르면서 모두 사라져버렸다. 설사 부와 성공, 미모를 얻었
다 해도 부모와 행복하지 못했던 기억은 늘 가슴 한편에
남아 지워지지 않는다.

요컨대 가족 간의 정이야말로 한 사람의 가장 귀중한 재
산이다.

효는 사람됨의 근본이다

부 득 호 친　　불 가 이 위 인
不得乎親, 不可以爲人.

부모의 인정을 받지 못하면 사람 구실을 제대로 할 수 없다.

〈이루장구〉 상편 중에서

좋은 부모의 바람에 순응하지 못하고, 그 마음을 만족시키지 못하는 사람은 다른 일도 잘할 수 있을 거라는 믿음을 주기 힘들다. 전통적으로 효는 충의 기반이고, 두 가지는 이론적으로 통일되어 있다. 두 가지 사이에 모순이 발생하면 효가 더 중요하고 절실하므로 효부터 행해야 한다.

이것은 중요한 가치 서열이며, 현실적이면서도 정리에 부합한다. 때로는 이것이 조금의 사심도 없이 공익을 위해 사익을 희생하고, 자기보다 남을 먼저 생각하는 인식과 어긋난다 해도 우리는 이 두 가지 중 무엇을 선택하든 그것이 옳다고 단언하기 어렵다.

순수한 마음을 잃지 말라

대인자 불실기적자지심자야
大人者, 不失其赤子之心者也.

훌륭한 사람이란 어린아이의 순수한 마음을 잃지 않는 자이다.

〈이루장구〉 하편 중에서

훌륭한 인물은 어린 시절의 순수한 마음을 간직한 사람이다.

확실히 위대한 사람일수록 단순한 면을 가지고 있기도 하다.

생명의 특징 중 하나는 바로 생명에 대한 미련과 그리움인데, 이 때문에 어린 시절을 추억하면서 그때의 단순하고 순수했던 마음을 미화한다.

남을 배려하고 자신을 배려하라

노오노 이급인지노 유오유 이급인지유
老吾老, 以及人之老, 幼吾幼, 以及人之幼.

내 집 어른을 정성껏 섬기면 남의 집 어른에게도 그 영향이 미치고, 내 집 아이를
사랑으로 보살피면 남의 집 아이도 정성껏 보살필 수 있다.

〈양혜왕장구〉 상편 중에서

생명의 출발점과 종착점까지 한결같은 마음으로 정성
을 다해 보살피는 것은 박애의 정신에서 비롯된 것이자,
우리 개개인의 근심과 두려움에 대한 위로이기도 하다.
우리는 이렇게 걸어왔고, 또 이렇게 떠나갈 것이다.
남을 배려하고 보살피는 것은 자신을 돌보는 것과도 같다.

무의미한 위험에 접근하지 말라

지 명 자 불 립 호 암 장 지 하
知命者不立乎严墙之下.

목숨을 귀하게 여기는 사람은 위태로운 담장 아래 서지 않는다.

〈진심장구〉 상편 중에서

정명(正命, 타고난 수명)**은** 정상적인 죽음을 포함하고, 우리는 장차 필연적으로 닥쳐올 죽음을 편안한 마음으로 받아들이는 법을 배워야 한다.

비정명(非正命)은 재난, 사고로 말미암은 죽음을 포함한다. 그래서 지명(知命), 즉 천명을 알고 그것을 존중하고 경외할 줄 아는 사람은 위태로워 보이는 담장 아래 서서 자신을 의미 없는 위험 속으로 몰아넣지 않는다. 이것은 자신뿐 아니라 가족을 책임지는 것이기도 하다.

선심을 전하고 정성을 다하라

분 인 이 재 위 지 혜   교 인 이 선 위 지 충
分人以財謂之惠, 教人以善謂之忠.

재물을 나누는 것을 시혜라 하고, 선을 가르치는 것을 충이라 한다.

〈등문공장구〉 상편 중에서

재물을 다른 사람과 나누는 것은 작은 은혜일 뿐이며,
선량한 마음과 재능을 다른 사람에게 전하는 것은 진정
한 선심이다. 후자가 전자보다 한 단계 더 높다고 할 수
있다.

돈이 있는 사람은 그저 재물을 나누면 된다. 이에 반해
선을 가르치는 사람은 선과 삶에 변함없는 열정을 품고
있어야 그 선심을 타인에게 전할 수 있다.

때로는 이것이 번거롭고 지칠 때도 있겠지만 이런 실천
이 있어야 비로소 최선을 다하는 책임감을 구체적으로
드러낼 수 있다.

자신을 지키는 것은 가장 큰 효다

<ruby>事<rt>사</rt></ruby>, <ruby>孰<rt>숙</rt></ruby><ruby>爲<rt>위</rt></ruby><ruby>大<rt>대</rt></ruby>? <ruby>事<rt>사</rt></ruby><ruby>親<rt>친</rt></ruby><ruby>爲<rt>위</rt></ruby><ruby>大<rt>대</rt></ruby>.

<ruby>守<rt>수</rt></ruby>, <ruby>孰<rt>숙</rt></ruby><ruby>爲<rt>위</rt></ruby><ruby>大<rt>대</rt></ruby>? <ruby>守<rt>수</rt></ruby><ruby>身<rt>신</rt></ruby><ruby>爲<rt>위</rt></ruby><ruby>大<rt>대</rt></ruby>.

누구를 섬기는 것이 가장 중요할까? 부모를 섬기는 일이 가장 중요하다. 무엇을 지키는 것이 가장 중요할까? 자신(품격, 명예, 절개)을 지키는 것이 가장 중요하다.

〈등문공장구〉 상편 중에서

부모를 섬기는 일은 개인의 도덕적 완성과 하나로 연결되어 있고, 이것은 당연한 이치다.

효를 행하는 이는 자신의 명예와 이미지를 소중히 여길 줄 알아야 하고, '신체발부수지부모(身體髮膚受之父母, 신체와 머리카락과 피부는 모두 부모에게서 물려받은 것이다)'라는 말처럼 자신의 몸을 함부로 상하게 해서는 안 된다. 자신의 품격과 명예, 절개를 훼손하지 않는 것이야말로 가장 큰 효다.

인덕과 공경은 대상을 가려야 한다

君子之於物也, 愛之而弗人.

於民也, 仁之而弗親.

군자가 물건을 대하는 것은 아끼는 것이지, 어진 것이 아니다. 백성에게는 인을 베풀지만 모두 친하게 대하는 것은 아니다.

〈진심장구〉 상편 중에서

아름다운 도덕적 감정은 자체적으로 구체성, 표적성, 규정성, 분별성을 가지고 있다.

인과 덕은 사람 사이에 오가는 특별한 감정이고, 사물을 상대로 언급할 수 없다. 문학 작품에서는 의인의 수법으로 만물에 대한 사랑을 표현하지만, 이것은 당연히 또 다른 상황에 해당한다.

공경은 가족, 특히 부모를 향한 감정이기 때문에 남용해서는 안 된다. 다른 사람에게는 여전히 일정한 거리를 유지하고 한계를 두어야 하며, 공적인 일은 공적으로 처리하는 원칙이 있어야 한다.

정도를 걷지 않으면 고립무원에 빠진다

身不行道, 不行於妻子.
신 불 행 도   불 행 어 처 자

使人不以道, 不能行於妻子.
사 인 불 이 도   불 능 행 어 처 자

자신이 정도를 걷지 않으면 아내와 자식에게 그 도가 행해질 수 없다. 사람을 쓸 때 정도를 따르지 않으면 아내와 자식에게도 그 도가 미치지 않는다.

〈진심장구〉 하편 중에서

자신이 정도를 걷지 않으면 설령 아무리 친한 사람이라도 당신의 말을 듣게 할 방도가 없다. 사람을 쓸 때도 정도를 따르지 않으면 그들에게 도가 미치지 않는다. 그만큼 정도를 지키는 일은 중요하다.

그렇지만 생활 속에서 타인의 충고를 무시한 채 정도를 벗어난 길을 걷는 사람이 적지 않다. 이런 사람들에게 주변에 좋은 영향을 주기를 바랄 수 없을뿐더러 그들이 재앙을 가져오지 않는 것만으로도 다행으로 여겨야 한다. 결국 그들은 사람들로부터 외면을 받고 고립무원 상태에 빠질 수밖에 없다.

가까운 곳에서부터 시작한다

획 어 상 유 도　불 신 어 우　불 획 어 상 의
獲於上有道, 不信於友, 弗獲於上矣.

윗사람의 지지를 받으려면 방법이 있으니, 먼저 벗의 신임을 얻지 못하면 윗사람
의 지지를 받을 수 없다.

〈이루장구〉 상편 중에서

우선 벗의 신임을 얻지 못하면 윗사람의 지지를 받을
수 없다. 예컨대 친구들이 모두 당신을 험담하면 윗사람
은 다수의 의견에 영향을 받아 당신에 대해 부정적인 인
상을 받게 된다.

그러나 친구의 신임을 얻는 것은 윗사람의 지지를 얻기
위한 필요조건이지, 충분조건은 아님을 명심해야 한다.
친구가 아무리 좋은 평가를 해도 윗사람이 그 조건에 주
목하지 않을 가능성도 있기 때문이다.

그런데도 이 말을 언급한 것은 많은 일이 우리 주변에서
부터 시작된다는 사실을 일깨워주기 위해서다.

가르침의 방식은 다양하다

교 역 다 술 의　　여 불 설 지 교 회 야 자
教亦多術矣, 予不屑之教誨也者,

시 역 교 회 지 이 이 의
是亦教誨之而已矣.

가르침에도 역시 다양한 방법이 있다. 가르침을 받을 가치가 없다고 생각해 어떤
사람에게 가르침을 주지 않는 것도 하나의 가르침이다.

〈고자장구〉 하편 중에서

이것은 전염병의 병세를 보고하는 '제로 리포트(Zero
Report)'와 비슷하다. 제로 리포트는 병세의 진전이 없어
보고할 것이 없을 때도 '0'을 써넣어 보고서를 올리는 것
으로, 이때 '0' 역시 중요한 의미를 담고 있다.

거들떠보지 않고 무시하는 것 역시 가르침의 방식 중 하
나라고 할 수 있다. 이것은 차근차근 일깨워주고, 궁금한
점을 풀어주고, 지식을 전달하며 인재를 육성하는 방식
과 병존·대립·대응하는 가르침의 형태로 교육에 대한
포기일 수도 있고, 더 효과적인 교육방식에 대한 기대와
모색일 수도 있다.

교육의 다섯 가지 경로

군 자 지 소 이 교 자 오
君子之所以教者五.

유 여 시 우 화 지 자   유 성 덕 자   유 달 재 자
有如時雨化之者, 有成德者, 有達財者,

유 답 문 자   유 사 숙 애 자
有答問者, 有私淑艾者.

군자가 가르치는 방법에는 다섯 가지 종류가 있다. 첫째, 제때 내리는 비가 초목을
적시고 저절로 자라게 하는 것처럼 감화시키는 방법. 둘째, 품성과 덕행을 완성하
게 해주는 방법. 셋째, 재능을 발전시켜주는 방법. 넷째, 물음에 대답해 주어 깨닫
게 해주는 방법. 다섯째, 스승을 본보기로 삼아 모방 학습을 하게 하는 방법이다.

〈진심장구〉 상편 중에서

비가 초목을 적시어 저절로 자라게 하는 것처럼 교육은
제때 주파수를 맞춰주듯 필요한 환경과 조건을 만들어
줘야 한다. 덕을 완성하고 재능을 발전시키는 것은 교육
의 핵심이며, 이때 가르치는 자의 도덕적 인격이나 전문
재능이 영향을 미친다. 물음에 답해주는 것은 위에서 말
한 모든 방법에도 필요하다.

마지막으로 '유사숙애자(有私淑艾者)'에 나오는 '사숙'은
마음으로 선(善)을 배운다는 뜻이다. 즉 '사숙하다'는 존

경하는 사람, 예를 들어 공자의 가르침을 직접 받을 수 없으나 그 가르침을 배운 다른 사람의 인격이나 학문, 정신을 본으로 삼고 배우는 것을 의미한다. 이것은 가르침과 배움의 개념을 확대하며 후세에 비교적 큰 영향을 미쳤다.

문화의 영향은 더 오래간다

군 자 지 택 오 세 이 참
君子之澤五世而斬.

군자가 끼친 은혜와 덕택은 오대(五代)가 지나가면 끊어진다.

〈이루장구〉 하편 중에서

　누구를 막론하고 사업적 성공과 영향력이 보통 한두 세대에 국한될 리 없겠지만 그렇다고 해서 영구적이거나 무한한 것도 아니다. '부자도 삼대를 못 간다'라는 말이 나온 것도 같은 이치다. 삼대가 지나서 증손자 대가 되면 설사 그의 성공이 가문의 영광일지라도 그에 대한 기억은 희미해질 거고, 오대 현손(玄孫, 손자의 손자) 대로 가면 현조에 대한 기억이 남아 있지 않을 것이다.

좋은 가풍만이 전통에 대한 경외심을 바탕으로 대대로 이어져 내려오고, 이런 좋은 영향력만이 시간과 혈맥을 뛰어넘는 힘을 가질 수 있다. 또한 '삼대'에 걸쳐서야 비로소 품격과 수양을 갖춘 귀족 가문이 하나 탄생한다는 말도 있다. 이것은 이런 문화적 영향력이 어떻게 지속되는지, 그 힘을 잘 드러내주는 말이다.

생명의 마지막 순간을 중시하라

양 생 자 불 족 이 당 대 사   유 송 사 가 이 당 대 사
養生者不足以當大事, 惟送死可以當大事.

살아 있는 부모를 섬기는 것은 대사라고 말할 수 없다. 부모의 임종을 지키고 장례를 치르는 것이 바로 대사에 해당한다.

〈이루장구〉 하편 중에서

장례를 치르는 일이 중대사라는 말에는 의심의 여지가 없다. 장례는 부모의 노년을 함께하며 옆에서 잘 모시는 것보다 더 큰 무게를 차지할 수도 있다. 이 말은 마지막 가는 길을 지키는 장례에 담긴 문화, 도덕, 예법의 의미를 강조하는 것이기도 하다.

또한 장례의 의미와 역할을 강조하는 것은 그걸 좀 더 긍정적으로 바라보기 위해서다. 장례의 역할 중 하나는 꿈, 환생, 물거품, 그림자, 이슬, 번개 등 여섯 개로 비유되는 육여(六如)의 허무감 등을 좀 줄이는 것이다. 이미 죽었다 해도 장례는 무상감으로 꽉 찬 의식이 아니라 착실하게 살아온 일생에 치르는 성대한 총결산이 되어야 한다.

핏줄의 연결고리 이어나가기

이 말은 요즘 세대의 관점에서 보면 진부한 이야기처럼 들릴 수도 있다. 정상적인 부부생활을 하면서도 아이를 갖지 않고 맞벌이 부부로 사는 '딩크(Double Income No Kids, DINK)족'도 하나의 가족 형태로 자리 잡고 있고, 그들의 선택에도 일리가 있기 때문이다. 하지만 대를 잇는 것을 삶의 의미 중 한 부분으로 받아들이는 것에는 커다란 의미가 있다.

대를 잇고 핏줄을 이어가는 순환의 고리 속에서 모든 사람의 삶은 그 사슬의 연결고리가 되기 때문이다.

운명 공동체의 구성원

천 하 지 본 재 국   국 지 본 재 가   가 지 본 재 신
天下之本在國, 國之本在家, 家之本在身.

천하의 근본은 나라이고, 나라의 근본은 가정이며, 가정의 근본은 사람이다.

〈이루장구〉 상편 중에서

사람과 사람 사이의 혼인으로 혈연관계를 맺으며 가정
이 만들어지고, 수많은 가정과 가족은 다시 다양한 형식
으로 분화되어 하나의 나라를 구성한다.

이것은 양적 변화일 뿐 아니라 질적 변화이기도 하고, 인
정·도덕·풍속의 확장이자 사회화·법제화·이성화·합
리화의 구현이라고 할 수 있다.

개인에서 시작해 가정, 국가로 이어지는 이 비약적 과정
은 삶과 운명 공동체가 집결하는 과정이기도 하다. 이 때
문에 공동체 속의 각 구성원은 매우 밀접하게 서로 연관
되어 있다.

十章

도리를 지켜 인간다운 삶을 실현한다

주고받는 것도 적정 기준이 필요하다

가 이 취　가 이 무 취　취 상 렴
可以取, 可以無取, 取傷廉.

가 이 여　가 이 무 여　여 상 혜
可以與, 可以無與, 與傷惠.

받을 수도 있고 받지 않을 수도 있는데, 받으면 청렴함에 흠집이 생긴다. 줄 수도 있고 안 줄 수도 있는데 주면 은혜에 상처를 입힐 수 있다.

〈이루장구〉하편 중에서

받을 수도 있고 받지 않을 수도 있으면 받지 말아야 한다. 이럴 때 받으면 청렴함에 흠집이 생긴다. 줄 수도 있고 안 줄 수도 있으면 주지 말아야 한다. 이럴 때 주면 베푸는 마음에 상처를 입힐 수 있다.

특히 청렴결백하게 자신을 다스릴 때는 엄격해야 하며, 받지 말아야 할 것은 받지 말아야 한다. 받을 수도 있고 받지 않을 수도 있는 거라면 받아서는 안 된다. 이렇게 해야 관계가 투명해질 수 있다.

베푸는 것도 신중해야 한다. 주고도 도리어 욕을 먹을 수 있기 때문이다. 상대방이 가장 필요로 하거나, 갈증을 해

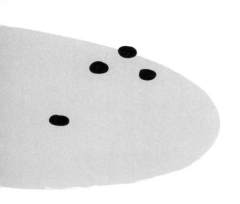

소해줄 수 있는 것이 아니면 함부로 끌어들이지도 말고 인정을 베풀어서도 안 된다.

요컨대 주고받는 문제에 직면하면 반드시 자신만의 엄격한 기준이 있어야 한다.

선은 많이 추구하고 이익은 적게 추구하라

욕 지 순 여 척 지 분 무 타 이 여 선 지 간 야
欲知舜與蹠之分, 無他, 利與善之間也.

순 임금과 척을 구분하고 싶으면 다른 것은 없고 이익과 선을 구하는 차이를 보면
된다.

〈진심장구〉 상편 중에서

순(舜)은 위대한 성인이고, 척(蹠)은 대도(大盜)이다.
이 둘의 차이는 다른 데 있는 것이 아니라 단지 선을 위
해 사느냐, 이익을 위해 사느냐에 달려 있다. 이런 이분
법적 관점이 조금은 극단적으로 보일 수도 있다. 순과 척
사이에서 중립을 지키는 사람들도 있기 때문이다.

선을 추구하는 사람은 많다. 문제는 그들이 선을 추구하
면서도 동시에 이익을 얻고자 한다는 점이다. 재물을 탐
하는 사람은 많지만, 그렇다고 해서 그들이 모두 무시무
시한 대도가 될 운명을 가진 것도 아니다.

그런데도 순 임금이 되지 못하면 필연적으로 대도가 된
다고 말하는 이유는 명료한 가르침을 주기에 효과적이
기 때문이다.

덕과 믿음을 지키는 것은
이해득실 때문이 아니다

경 덕 불 회   비 이 간 록 야
經德不回, 非以幹祿也.

언 어 필 신   비 이 정 행 야
言語必信, 非以正行也.

도덕을 지키는 것은 벼슬길이 잘 풀리기를 바라서가 아니다. 말을 신뢰할 수 있게
하는 것은 억지로 바르게 해 남의 인정을 받으려는 것이 아니다.

〈진심장구〉 하편 중에서

이것은 그저 '진인사대천명(盡人事待天命)'이라는 말처
럼 사람이 할 수 있는 바를 다하고 하늘의 뜻을 기다릴
따름이다.

또한 도덕과 예법이 모두 최고의 경지에 오르려면 외적
인 규범이 아니라 온전히 자신의 필요에 따라야 한다.

최고의 경지에 들어서는 것은 자신의 천성이 원하는 바
에 달려 있는데, 이해득실과 승패 그리고 순조로움과 난
관 따위를 고려할 필요가 전혀 없다.

이익과 도의의 윈윈을 이루라

상 하 교 정 리 이 국 위 의
上下交征利而國危矣.

위아래에 있는 사람들이 모두 각자의 이익만 좇는다면 나라가 위태로워질 것이다.

〈양혜왕장구〉 상편 중에서

이익에만 눈을 돌린다면 쟁탈과 혼란을 유발할 것이고, 이익을 논하지 않으면 적극성을 동원할 수 없다. 이것은 오늘날에도 여전히 존재하는 딜레마다.

사람에게는 이익을 좇고 손해를 피하고 싶은 마음이 늘 존재하지만 오로지 이익만 추구하는 사회는 삭막할 수밖에 없다. 그래서 사람들은 이익을 좇으면서도 좋은 사람에게는 좋은 보답을 하고, 선을 행하며 이익을 얻는 공정하고 올바른 도리가 살아 있는 사회를 원해왔다.

우리는 큰 이익과 작은 이익을 구분하고, 장기적으로 이익과 도의의 변증관계를 명확히 하여 이익 쟁탈을 평등화, 정당화, 법제화해야 한다. 이와 더불어 이익의 쟁탈을 공평 경쟁의 정상적인 궤도로 올려놓아 그 안에서 이

익의 생산, 분배, 경쟁이 합리적으로 이루어지게 해야 한
다. 이익과 도의가 더는 대립하지 않아야 비로소 상호 원
윈할 수 있다.

정신적 추구의 잣대를 높여라

生, 亦我所欲也, 義, 亦我所欲也.
二者不可得兼, 舍生而取義者也.

삶은 내가 바라는 것이고, 의리 역시 내가 바라는 바이다. 두 가지를 다 얻을 수 없다면 나는 삶을 버리고 의를 지키리라.

〈고자장구〉 상편 중에서

맹자는 '물고기와 곰 발바닥 모두 내가 좋아하는 음식이지만, 두 가지를 다 맛볼 수 없다면 물고기를 버리고 더 맛있는 곰 발바닥 요리를 취하겠다'라고 했다. 이것은 인생에서 언제라도 맞닥뜨릴 수 있는 취사와 선택 문제에 중요한 화두를 던지는 말이다. 위인과 범인, 고상함과 비천함, 현자와 소인배, 열사와 겁쟁이는 바로 중대한 선택과 취사의 갈림길에서 판가름이 난다.

우리는 존엄을 중시하고, 인간의 존엄과 생명의 가치가 의리와 도의에 있다고 강조한다. 생명이 전부가 된다면 '생존주의'는 인과 의를 저버리고, 존엄을 상실하며, 마

246

지노선을 무너뜨린 채 오로지 구차하게 살아남는 삶만을 추구하게 될 것이다. 그러니 우리는 선택 앞에서 정신적 추구의 잣대를 높여야 한다.

자신에게 속한 것을 추구하며
자신을 스스로 개선하라

求則得之, 舍則失之,
<small>구 즉 득 지　사 즉 실 지</small>

是求有益於得也, 求在我者也.
<small>시 구 유 익 어 득 야　구 재 아 자 야</small>

求之有道, 得之有命,
<small>구 지 유 도　득 지 유 명</small>

是求無益於得也, 求在外者也.
<small>시 구 무 익 어 득 야　구 재 외 자 야</small>

어떤 것이든 구하면 얻게 되고, 버리면 잃게 된다. 구함이 얻는 데 유익한 것은 자신에게 있는 것을 구하기 때문이다. 그것을 얻는 데는 도(道)와 명(命)이 있어야 하고, 구함이 얻는 데 도움 되지 않는 것은 나에게 속하지 않은 것을 구하기 때문이다.

〈진심장구〉 상편 중에서

필요한 것이 있다면 먼저 자신에게 요구하자. 예컨대 관직이 필요하면 자신의 인격, 인품, 덕행, 지혜, 능력, 신용, 학식 등을 동원하고, 부를 원하면 자신에게 응당 있는 모든 지혜와 자질을 먼저 끄집어내야 한다. 이런 식으로 내적 추구와 외적 추구를 하나로 결합해야 비로소 원하는 것을 얻을 수 있다.

속인이나 범인은 자신이 원하는 바를 자신 밖에서만 구하려고 하므로 대부분 그 목적을 이루지 못한다. 그들은 명리와 지위를 추구하는 것만 알 뿐 자신의 부족한 면을 반성할 줄 모른다. 또한 그들은 하늘과 남을 원망하는 데 급급할 뿐 자신에게 부족한 소양과 조건을 깨닫고 개선하지 못한다. 무언가를 원한다면 자신을 돌이켜 단점을 개선하고 발전시키는 것이 바로 제일 나은 방법이다.

선택 앞에서 확고한 신념이 있어야 한다

아 사 십 부 동 심
我四十不動心.

나는 마흔 살이 된 후부터 마음이 흔들리거나 동요한 적이 없다.

〈공손추장구〉 상편 중에서

누구나 수많은 선택과 마주하고 선택해야 하는 곤혹스러움을 겪는데, 이 역시 심적으로 괴로운 일 중 하나다. 때로는 선택의 어려움과 갈등 속에서 심리적으로 동요하고, 정신적으로 무너지는 상황이 찾아오기도 한다. 마음이 흔들리면 난처한 처지에 빠지고, 마음이 굳건하면 안정적이고 편안하게 올바른 선택을 할 수 있다.

마음이 흔들리지 않는 것은 바로 외부의 영향을 받지 않고 침착하게 일관성을 유지하는 것을 의미하며, 이 태도를 취하려면 자신만의 신념이 필요하다. 이런 신념은 심리적 자신감, 수용력, 자아 통제력뿐 아니라 도덕적 자신감과 용기와도 연관되어 있다.

아름다움은 순수함에 있고,
선은 타고난 본성에서 나온다

_{언 근 이 지 원 자　　선 언 야}
言近而指遠者, 善言也.

_{수 약 이 시 박 자　　선 도 야}
守約而施博者, 善道也.

말은 친근하면서도 그 의미가 원대하면 좋은 말이고, 도(道)는 간단명료하면서도 그 의미가 널리 미치면 좋은 도라고 할 수 있다.

〈진심장구〉 하편 중에서

사람들은 모두 단순명료하고 현실적이며 상식적인 것을 선호하고, 말만 번드레하고 실속이 없거나 비현실적이고 허세로 가득한 것을 반대한다.

사람들이 원하는 바의 이치는 간단하다. 아름다움은 순수함 속에 있고, 선은 본성 속에서 우러나오고, 덕은 자연스럽게 스며들어야 하고, 도는 스스로 그러함을 본받는 데서 나온다.

무위무욕의 마음을 가져라

무 위 기 소 불 위　무 욕 기 소 불 욕　여 차 이 이 의
無爲其所不爲, 無慾其所不欲, 如此而已矣.

필요 없는 일을 하지 말고, 필요 없는 것을 바라지 않는 게 바로 내 뜻이다.

〈진심장구〉 상편 중에서

　　무위(無爲)는 하고 싶지 않고, 해서는 안 되고, 하면
안 좋은 일을 하지 않는 것이다. 무위할 수 있다면 마음
이 훨씬 홀가분해지고, 그 마음을 선량하고 건강하게 유
지할 수 있다.

무욕(無慾)은 얻고 싶지 않거나, 얻어서는 안 되고, 얻기
에 적합하지 않은 것에 욕심을 부리지 않는 것이다. 무욕
해지면 가진 것에 만족하며 즐거워지고 일을 하거나 수
양을 할 때도 평온한 마음 상태를 만드는 데 이롭다.

말의 신용과 행동의 결과를 뛰어넘어
큰 도리를 따르라

대 인 자　언 불 필 신　행 불 필 과　유 의 소 재
大人者, 言不必信, 行不必果, 惟義所在.

대인군자라고 해서 모든 말에 신용이 있을 필요가 없고, 모든 행동에 결실을 볼 필요가 없다. 그들이 따라야 하는 것은 의와 도, 즉 큰 도리뿐이다.

〈이루장구〉 하편 중에서

어릴 때부터 우리는 '한 번 내뱉은 말은 반드시 지키고, 행동에는 반드시 결과가 있어야 한다'라는 말을 들으며 자라왔다. 하지만 맹자는 전혀 상반되는 말로 엄청난 융통성을 보인다. 우리가 분명히 알아야 할 점은 작은 도리가 큰 도리에 복종해야 할 때도 있지만 대부분 큰 도리의 기초이자 전제가 될 수도 있다는 사실이다. 한 번 내뱉은 말을 반드시 지키고자 할 때는 유리한 위치를 점하고 거침없는 기세로 휘몰아치는 강한 정신이 있어야 한다. 말의 신용과 행동의 결과를 뛰어넘어 큰 도리를 따를 때는 철저하고 신중하며 한 치의 착오도 없는 과학적인 태도가 필요하다.

인과 불인의 차이를 명확히 인식하라

仁者以其所愛及其所不愛,
<small>인 자 이 기 소 애 급 기 소 불 애</small>

不仁者以其所不愛及其所愛.
<small>불 인 자 이 기 소 불 애 급 기 소 애</small>

어진 사람의 인애하는 마음은 자신이 결코 좋아하지 않는 사람에게까지 미치고,
어질지 못한 사람의 인애하지 않는 마음은 자신이 좋아하고 아끼는 사람에게까지
그 영향이 미친다.

〈진심장구〉 하편 중에서

노인과 어린아이를 돌보고, 가난을 구제하고, 어려움
에 부닥친 사람을 도와주는 일은 사랑을 베푸는 일종의
문화적 풍속이자 정치적 표방이다. 그러나 이와 동시에
인간성과 사회 내면에는 서로 빼앗기 위해 경쟁하고 증
오하는 또 다른 면이 존재한다. 인애를 펼치며 좋은 일을
하고도 나쁜 사람들에게 당하는 상황을 볼 때면 그저 통
탄할 뿐이다.

인(仁)뿐 아니라 불인(不仁) 역시 파급력을 가지고 있다.
이것은 인간성과 사회 내부에 이것을 확산시키는 요소
가 있기 때문이다. 그래서 추진체 역할을 하는 이런 요소
들을 명확히 간파하는 것이 중요하다.

옳은 일을 하며 내면의 만족을 채워라

非仁無爲也, 非禮無行也.

如有一朝之患, 則君子不患矣.

어질지 않은 일을 하지 않고 무례한 행동거지도 하지 않으니, 하루아침에 걱정거리가 생긴다 해도 군자는 크게 걱정하지 않는다.

〈이루장구〉 하편 중에서

어질지 않은 일을 하지 않는다. 무례한 행동거지도 행하지 않는다. 올바른 일을 행하고 내면의 만족을 추구한다면 하루아침에 뜻하지 않은 걱정거리가 생긴다 해도 크게 걱정하지 않는다.

이럴 수만 있다면 갑작스럽게 뜻하지 않은 힘들고 불쾌한 일이 생겨도 크게 동요하지 않을 수 있다.

이 정도 단계까지 마음을 수양할 수 있다면 행복감도 그만큼 높아질 것이다.

회유를 거절하라

언 유 군 자 이 가 이 화 취 호
焉有君子而可以貨取乎?

군자가 어찌 재물에 마음을 빼앗기겠는가?

〈공손추장구〉 하편 중에서

인품과 덕이 높은 사람이 되려면 적어도 원칙이 있어
야 한다. 작은 이익을 위해 존엄과 원칙을 버리고, 잣대
와 마지노선 없이 남의 비위를 맞추는 데 급급하면 절대
군자가 될 수 없다. 군자가 어찌 재물에 마음을 빼앗기겠
는가?

회유를 거절하는 것은 우선 일종의 도덕적 자율이다. 단
기간에 손해를 볼지 몰라도 장기적으로는 독립적 인격
을 형성하는 중요한 한 걸음이 될 수 있다.

256

강직함 역시 정도를 벗어나면 안 된다

<ruby>柳<rt>유</rt></ruby><ruby>下<rt>하</rt></ruby><ruby>惠<rt>혜</rt></ruby><ruby>不<rt>불</rt></ruby><ruby>以<rt>이</rt></ruby><ruby>三<rt>삼</rt></ruby><ruby>公<rt>공</rt></ruby><ruby>易<rt>역</rt></ruby><ruby>其<rt>기</rt></ruby><ruby>介<rt>개</rt></ruby>.

유하혜는 삼공의 지위를 위해 그의 지조를 바꾸지 않았다.

〈진심장구〉 상편 중에서

권력은 혼자 움직일 수 없다. 권력의 특징은 한 사람이 외치는 소리에 수많은 사람이 동조하고, 뜻을 같이하지 않는 자와는 절대 양립하지 않는 것이다. 권력 구조 속에서 한사코 강직하게 대립각을 세우면 희생양이 되기 쉽다.

하지만 때로는 자신의 강직함을 끝까지 지켜내야 할 때도 있다. 다만 우리의 강직함이 자기주장을 고집하며 권위에 도전하는 것으로 표현되어서는 안 되며, 치욕을 참으며 무거운 짐을 짊어지는 굳은 의지로 드러나야 한다. 그런 강직함이 더 귀중하다고 할 수 있다.

양보의 본질을 꿰뚫어야 한다

好名之人能讓千乘之國, 苟非其人,

簞食豆羹見於色.

명망을 추구하는 사람은 제후가 다스리는 천승의 나라라도 양보할 수 있다. 그러나 그와 같은 사람이 아니라면 한 사발의 밥과 한 그릇의 국에도 감정이 얼굴빛에 드러난다.

〈진심장구〉 하편 중에서

사람마다 추구하는 가치와 가는 길이 다르다. 그래서 어떤 일을 두고 누군가는 대범하고, 또 누군가는 옹졸하게 군다.

다만 양보하고 싶지 않고, 양보할 수 없는 것까지 모든 것을 양보하는 사람이 아니라면 그 감정이 얼굴에 고스란히 드러나 추태를 보일 수밖에 없다. 천승의 나라(수레 천 대라도 동원할 수 있는 나라)를 양보했지만 사실 그의 사양이 명예를 구하는 마음에서 나왔기 때문이다.

그럴싸한 도를 내세우는 속임수를 경계하라

故君子可欺以其方, 難罔以非其道.
<small>고 군 자 가 기 이 기 방　난 망 이 비 기 도</small>

고로 군자는 올바른 도리를 내세워 속이려면 얼마든지 속일 수 있지만, 도가 아닌 것으로 속이기는 힘들다.

〈이루장구〉 하편 중에서

옛말에도 군자는 그의 도리를 내세우면 속일 수 있다고 했다. 군자를 속이려면 그의 논리에 따르고, 그의 말로 자신을 먼저 무장하면 된다.

그러므로 군자 역시 도를 위장한 그럴싸한 속임수를 경계해야 한다.

포용과 융통성이 있어야 한다

執中無權, 猶執一也. 所惡執一者,
집중무권 유집일야 소악집일자

爲其賊道也, 擧一而廢百也.
위기적도야 거일이폐백야

중립적 태도를 고수하며 임기응변이나 구체적인 조정, 응용이 없는 것은 마치 한
가지를 고집하는 것과 같다. 한쪽만을 고집하는 것을 꺼리는 이유는 그것이 정도
를 해치고 한 가지 일을 내걸어 백 가지(나머지 전부)를 없애게 만들기 때문이다.

〈진심장구〉 상편 중에서

무릇 모든 일은 중용의 도를 어느 정도 가지고 있어야
한다. 다만 중용의 '중'은 고정된 점이 아니고, 발전·활
용·변화의 가능성을 어느 정도 가지고 있다.

다시 말해서 진정한 중용이라면 포용과 융통성에 가능
한 한 아주 큰 공간을 내어주고 있어야 한다.

군자가 중용을 선택해야 하는 이유는 바로 중용이 탄력
적인 사고를 하고 있기 때문이다. 극단적인 중용 혹은 극
단적인 반(反)중용은 자신을 제한하기 쉽다. 융통성 없이
중점만을 찾아 논점을 밝히는 건 사실 큰 도리를 손상시
키는 것이기도 하다.

스스로 진리를 찾아라

存其心, 養其性.

所以事天也.

마음을 잘 간직하고, 인간의 본성을 잘 기르는 것이 하늘의 뜻을 잘 섬기는 방법이다.

〈진심장구〉 상편 중에서

외적인 요소는 사람의 의지대로 되는 것이 아니므로 자신의 내면을 끌어올려야 비로소 가장 직관적이고 효율적으로 진리와 기회를 찾을 수 있다.

어쨌든 가장 높고 가장 핵심적이며 가장 궁극적인 진리는 스스로 찾아내야 한다.

개인의 책임을 짊어져라

악 이 천 하   우 이 천 하
樂以天下, 憂以天下.

즐거움도 근심도 모두 천하에 있다.

〈양혜왕장구〉 하편 중에서

'**즐거움도** 근심도 모두 천하에 있다'는 말에 내포된 사회구성원으로서의 사명감과 희생정신은 깊이 음미해 볼 만하다. 세상이 점점 하나로 연결되어가면서 세상의 변화가 개인의 삶에 영향을 미치듯 개인의 행동 역시 사회에 영향을 미친다.

우리는 인종과 국경의 한계를 뛰어넘어 즐거움도 함께 하고 어려움도 함께하며 모두에게 도움 되는 지구촌의 일원으로서 자신의 행동에 책임을 질 줄 알아야 한다.

사소한 것 때문에 큰 것을 놓쳐서는 안 된다

무 이 소 해 대　무 이 천 해 귀
無以小害大, 無以賤害貴.

작은 것을 배려하다 큰 것을 망쳐서는 안 되고, 중요하지 않은 것 때문에 진귀한 것을 손상해서도 안 된다.

〈고자장구〉 상편 중에서

작은 것을 배려하다 큰 것을 망쳐서는 안 된다. 중요하지 않은 것 때문에 진귀한 것을 손상시켜서도 안 된다. 단지 자신이 가진 작은 바람, 실적, 이익을 지키는 데 연연한다면 소인배와 다르지 않고, 좀 더 시야를 넓혀 세상에 도움 될 수 있는 실력과 도량을 키워간다면 그 사람이 바로 대인배다.

포상 때문에 취지를 간과해서는 안 된다

고 설 시 자　불 이 문 해 사　불 이 사 해 지
故說詩者, 不以文害辭, 不以辭害志.

이 의 역 지　시 위 득 지
以意逆志, 是爲得之.

시를 말하는 사람은 문자만 말해 어구를 해치면 안 되고, 어구만 말해 그 의도를
해쳐서도 안 된다. 시의 의도를 따라가며 작가의 생각과 동기를 헤아려야 비로소
진정으로 그 시를 이해한 것이다.

〈만장장구〉 상편 중에서

　　우리는 표면적인 말과 단어, 어구에 빠져 작품의 취지
를 놓쳐서는 안 된다. 시를 읽는 것도 이와 다르지 않고,
일하는 것 역시 마찬가지다.

또한 남의 뜻을 헤아리기 위해서는 먼저 내 생각이 있어
야 한다. 저자의 의도를 이해하려면 내 생각을 바탕으로
그 의미를 유추해갈 필요가 있다. 그래야만 저자의 생각
과 식견을 내 것으로 올바르게 받아들일 수 있다.

누구나 큰 인물이 될 수 있다

하 이 이 어 인 재   요 순 어 인 동 이
何以異於人哉? 堯舜於人同耳.

내가 다른 사람과 무엇이 다르겠습니까? 요순(堯舜)께서도 남들과 똑같습니다.

〈이루장구〉 하편 중에서

멀리서 바라보면 성현과 보통 사람도 별다른 차이가 없으니, 다른 점을 찾고자 한다면 심층적으로 들여다보아야 한다.

다른 점이 없다면 그들 안에 내재된 가치를 깊게 인식·파악·가늠·판별해야 하고, 다른 점이 있다면 성현의 재능과 덕을 본받는 데 필요한 방법을 분석하고 연구해야 한다.

요컨대 요순을 본보기로 삼아 자신을 반성하고 채찍질하며 더 나은 발전의 길을 모색한다면 누구나 요순 같은 큰 인물이 될 수 있다.

불 위 야　비 불 능 야
不爲也, 非不能也.

하지 않는 것이지, 할 수 없는 것이 아니다.

〈양혜왕장구〉 상편 중에서

맹자

1판 1쇄 인쇄 2023년 1월 16일
1판 1쇄 발행 2023년 1월 25일

지은이 | 왕멍
옮긴이 | 홍민경
펴낸이 | 최윤하
펴낸곳 | 정민미디어
주 소 | (151-834) 서울시 관악구 행운동 1666-45, F
전 화 | 02-888-0991
팩 스 | 02-871-0995
이메일 | pceo@daum.net
홈페이지 | www.hyuneum.com
편 집 | 미토스
표지디자인 | 강희연
본문디자인 | 디자인 [연;우]

ⓒ 정민미디어

ISBN 979-11-91669-40-4 (03140)

※ 잘못 만들어진 책은 구입처에서 교환 가능합니다.